KB071726

Counter Time Movement

시간 거꾸로 돌리기

- 한 권으로 끝내는 정신의 노후준비 -

홍성표 지음

청어

시간 거꾸로 돌리기

홍성표 지음

발 행 처 · 도서출판 **청어**
발 행 인 · 이영철
영　　업 · 이동호
기　　획 · 이용희
편　　집 · 방세화
디 자 인 · 이해니 | 이수빈
제작이사 · 공병한
인　　쇄 · 두리터

등　　록 · 1999년 5월 3일
(제1999-000063호)

1판 1쇄 인쇄 · 2019년 5월 20일
1판 1쇄 발행 · 2019년 5월 30일

주소 · 서울특별시 서초구 남부순환로 364길 8-15 동일빌딩 2층
대표전화 · 02-586-0477
팩시밀리 · 0303-0942-0478

홈페이지 · www.chungeobook.com
E-mail · ppi20@hanmail.net
ISBN · 979-11-5860-649-7(03190)

이 책의 저작권은 저자와 도서출판 청어에 있습니다.
무단 전재 및 복제를 금합니다.

이 도서의 국립중앙도서관 출판시도서목록(CIP)은 서지정보유통지원시스템 홈페이지
(http://seoji.nl.go.kr)와 국가자료공동목록시스템(http://www.nl.go.kr/kolisnet)
에서 이용하실 수 있습니다.(CIP제어번호: CIP2019017888)

시간 거꾸로 돌리기

홍성표 지음

책머리에

　1979년 미국 오하이오주 어떤 신문에 "7일간의 기적"이라는 기사가 실렸다. 여성 최초로 하버드 대학교 종신교수가 된 심리학과 엘렌 랭어(Ellen Langer) 교수의 "시간 거꾸로 돌리기 연구(Counter Clockwise Study)"에 관한 내용이었다. 75세 이상 노인 8명을 선발했다. 그리고 20년 전인 1959년으로 꾸며진 집에서 7일간을 살게 하는 실험이었다. 조건은 두 가지였다.

　첫째, 모든 것을 1959년 현재형으로 이야기하기
　둘째, 모든 일을 직접 하기

　7일 후의 결과는 거의 기적이었다. 걷기가 힘들었던 8명 전원, 시력, 청력, 기억력, 지능, 악력 등이 거의 50대 수준으로 향상되었다.

　출처: Counterclockwise study, 1981: The Power of Possibility at

Happiness & its causes 2012. Harvard University. USA. Counter-clockwise : Mindful Health and the Power of Possibility

"노화와 이에 따른 신체적 증상은 평소 생각하고 행동하는 것의 조건 반응이다. 만약 사고와 행동습관을 변화시킨다면 신체적 증상과 노화도 변화 시킬 수 있다."

마치 위의 실험 결과를 축약해서 설명해 놓은 듯하다. 심신의학 창시자 디펙 초프라(Deepak Chopra) 박사의 말이다. 그는 타임지가 선정한 20세기 100대 인물 중 한 사람이다. 할리우드 스타들과 온라인 상 수백만 팔로어들의 영적 스승이다. 우리나라 방송사들이 초청해서 우리에게도 다소 익숙한 사람이다.

그의 말을 한 마디로 줄이면 "노화는 생각 때문에 일어난 것이

고 생각으로 조정할 수 있다."는 뜻이다. 이게 말이 되는 것인가? 그러면 어떤 특별한 사람이 할 수 있다는 말인가? 우리 주변에 특별한 사람들은 아주 많다. 그렇다면 이 말이 무슨 의미가 있는 가. 이렇게 시작된 의문은 그의 행적과 주장을 찬찬히 들여다보는 계기가 되었다. 그리고 평소의 내 생각과 많은 부분이 일치한다는 것을 알게 되었다.

정말 그런지 확인해 보고 싶었다. 이 과정에서 생긴 내 별명은 자칭, 타칭 슈퍼 시니어(Super Senior)다. 2019년 3월 현재 만 73세의 내 시력은 양쪽 다 1.2다. 청력, 기억력, 집중력, 순발력, 지구력, 유연성 모두 한창 때의 그것이다. 건강 검진 때, 은근히 신경 쓰이게 만드는 간 수치들도 수년 간 20대와 똑같다. 물론 혈압이나 당뇨 때문에 먹는 약도 일절 없다.

　2018년 3월에 춘천 소재의 한 대학에 입학해 2학기를 마치고 지금은 겨울 방학 중이다. 1학기 7과목, 2학기 8과목 성적은 모두 A로 총 15개 과목 중 13개가 A+이고 나머지 2개가 A다. 성적이 좋아서 장학금도 적잖이 받았다. 교내 영어 시 쓰기와 글쓰기 공모에서 모두 대상을 받았다.

　여기까지만 들어보면 내가 원래 타고난 건강에다 머리가 비상했거나, 뭐 남들보다 특별한 것이 있었나보다 할 수 있지만 전혀 그렇지 못하다. 마라톤 완주를 했거나, 무슨 내놓을 만한 운동선수였던 적이 없다. 좀 나온 배를 관리하느라고 가끔 다이어트 운운하지만 그저 그렇다. 마누라 잔소리를 안주 삼고 평생 교육으로 여기며 술도 남 못지않게 마신다. 아니 훨씬 더 마신다. 무슨 악기를 잘 다룬다거나 미술에 소질이 있지도 않다. 모아 논 재산이 많지도 않다. 눈 씻고 봐도 특출한 것이 전혀 없는 평범한 사람이다.

공부하고도 담을 쌓았었다. 이번 입학서류에 필수적인 중, 고 등학교 성적표엔 "미"가 가뭄에 콩 나기고 대부분 "양"이나 "가" 였다. 솔직히 지금도 좀 창피하다. 요즘 평가로 보면 A, B는 아 예 없고 C도 드물었다. 나머지를 D와 F로 채웠다는 말이다. 사 실 이건 좀 안 밝히고 싶었다. 그렇지만 요즘 사람들은 비포 애 프터(Before & After)를 보지 않으면 믿지를 않는다. 남세스럽지만 아예 원본을 공개했다. 50 몇 년 후에 이걸 써 먹기 위해서 그때 공부를 일부러 개판 죽였을 거라고 의심하는 사람은 없을 것이 다. 그래서 내 도전의 성공이 의미를 가질 수 있다고 생각되었다.

학교에 배정된 만학도 두 자리에 만약 한 사람만 더 지원했어 도 나는 수능시험을 거쳐야 했을 것이다. 다행히 딱 두 사람만 응시했다. 서류를 접수하러 가던 날, 과거 성적표를 들여다보니 우선 손주들이 볼까 무서웠다. 내가 봐도 참 어이없는 지난 시 간이었다. 이런 바탕에서 50여 년이 흘러 만 73세가 되었다. 이

제는 건망증을 걱정하고 치매 예방을 최우선 순위로 신경 쓴대도 전혀 이상할 것이 없는 나이다. 그런데 어떻게 20대 젊은이들과 경쟁해서 성적 우수 장학금을 받을 수 있었는지에 대한 방법을 적은 것이다.

그렇게 얻어낸 재미있는 결과와 과정이다. 이것은 누구나 가능하다는 확신 때문에 우선 친구들부터 권하기로 결심하고 이 글을 썼다. 누구라도 도전해 볼 수 있도록 내가 겪은 과정을 가급적 자세히 썼다. 나는 이것을 "시간 거꾸로 돌리기 운동(Counter Time Movement)"이라고 이름 지었다. 앞으로는 편의상, 약칭 CTM으로 표기한다.

왜 이것이 가능한지 충분한 과학적 근거를 제시했다. 얻어내고자 하는 목표를 정하는 일부터 결과를 얻기까지의 세세한 과정을 적었다. 그리고 이것을 확실히 증명하기 위해서 대학생활을 시작

했다. 결과는 위에 적은 것과 같다. CTM을 통해서 어떤 것들을 얻을 수 있는지 그리고 어떻게 얻는지 방법을 제안했다.

현재의 이런 결과를 얻은 것이 60세 전, 후여서 좀 더 일찍 시작하지 못한 것이 많이 유감스럽다. 40대부터 시작하는 것이 제일 바람직할 것으로 생각된다. 선입견 없이 지금의 나를 보고 나이를 맞추는 사람은 별로 없다. 사실 나만 그런 것은 아니다. 외형만 보자면 그런 사람들은 아주 많다. 그래도, 좀 더 일찍 했더라면 시작 당시의 모습이 유지되지 않았을까 하는 아쉬움이 적지 않게 남아있다.

2018년 11월 8일, 영국 BBC 방송에서는 재미있는 보도를 내보냈다. 네덜란드의 69세 남성, 에밀 라텔밴드라는 사람이 정부에 낸 청원이었다. 자신의 생년월일은 1949년 3월 11일이지만 이것을 1969년 3월 11일로 정정해 달라는 것이었다. 자신은 근래

의 건강검진에서 생물학적 신체 나이가 45세로 나왔고, 정말 그 나이에 맞는 신체능력을 증명할 수 있다고 했다. 육체적인 것뿐만 아니라 정신적인 것도 똑같으니 실험해 봐도 좋다고 했다. 그러면서 정정에 따른 연금 수령 등의 불이익도 감수하겠다는 것이다. 지금 시대는 성을 바꾼 트랜스젠더나 동성 간의 부부도 법적 보호를 받으므로 자신의 주장도 받아들여져야 한다는 것이었다.

이유를 묻는 기자에게, 연애에도 쓸데없이 나이가 걸림돌이 되고 직업 전선의 고용에도 현저한 불이익을 받는다고 대답했다. 귀하가 정부의 담당자라면 어떻게 하시겠는가? 대한민국 노년층에서도 이런 청원이 가능한 주인공들이 많아지기를 기대해 본다. 충분히 가능한 일이기 때문이다. 나도 내 신체나이를 알고 있지만 여기선 밝히지 않기로 한다. 그의 청원이 어떻게 결론 날지는 모르지만 만약 받아들여진다면 나도 네덜란드 이민을 진지하게 고려해 볼 것이다.

아울러 우리나라 저출산 고령화에 따른 심각한 노인 문제에도

어떤 해결책의 일환이 될 수 있지 않을까, 기대도 숨기지 않는다.

성적증명서

졸업대장번호	007514
주민등록번호	460204
졸업일자	1965년 2월 24일

학년	번호	성 명
1	35	홍 성 호
2		
3		

학 번	201824304
성 명	홍성표
주민등록번호	460204-1******
입 학 년 월 일	2018-03-02
학위등록번호	

이수 구분	교과목명	학 점	성 적
2018년도 1학년 1학기			
교필	미인기초회화	2	A+
교선	TOEIC	3	A+
전선	커피드리머	3	A+
전선	파닉스&리딩 연습	3	A+
전선	영어가이드스킬	3	A+
교필	대학실용한자	2	A+
전선	관광영어회화	3	A+
교필	인성과진로	2	P
취득학점 =		21	
평점평균 =		4.50	
2018년도 1학년 2학기			
전선	미인초급회화	2	A+
전선	커피마스터	3	A+
전필	팝스잉글리쉬	3	A+
교필	문제해결능력	2	A+
전필	초급TOEIC	3	A+
전선	관광직무영어회화	3	A+
전선	영어가이드실습	3	A
교필	정보능력	2	A
취득학점 =		21	
평점평균 =		4.38	

차 례

Counter Time Movement

시간 거꾸로 돌리기

1. CTM이란 무엇인가?

시간에 대한 고정관념을 깨는 것으로부터 시작한다. 시간은 절대적인 것이 아니며 거꾸로 흐르게 할 수도 있다. 그리고 그것의 동력은 인간의 생각이다. 그것을 통해 현재의 정신적, 육체적 기능들을 과거 시간대와 같이 회복시키는 것이 목적이다.

누구나 가능하다는 과학적 근거를 제시한다. 또한 CTM을 통한 전과 후의 결과를 증거로 내놓았다. 그리고 과정과 방법을 세세히 소개했다.

2. CTM으로 무엇을 얻을 수 있나?

친구들이 내게 붙여준 별명, '슈퍼 시니어'는 그리 오래 되지 않았다. 나는 기본적으로 노인이라는 말이나 표현을 싫어한다. 물론 오래 전의 늙을 '노(老)' 자는 존경의 의미가 포함된 높임말이었다. 그러나 요즘은 그 의미가 퇴색된 지 오래다. 노인이라는 의미는 아웃사이더라는 뜻이며 잉여인간이라는 개념까지 포함된 것으로 보인다.

미국식 시니어 시티즌(senior citizen)이 우리나라 노인이라는 말보다 훨씬 더 바람직한 의미라고 생각한다. 사회로부터의 존중과 그것에 대한 책임, 두 의미가 들어 있다. 아직도 무언가 사회를 위한, 어떤 의무가 남아 있다는 뉘앙스도 있다. 그래서 나는 이 단어를 즐겨 쓴다. 그러다보니 나이 차이에 따른 내 분류는 시니어 아니면 주니어다. 어떤 사람보다 어리면 주니어, 많으면 시니어다.

대한노인회가 선택해서 일반화된 "어르신"이라는 말도 시니어라는 말보다는 수동적이고 단절적이다. 노인이라는 말은 거의 하대에 가깝다. 자전거를 타고 가는 어린 것이 "저기 가는 저 노인 꼬부랑 노인, 우물쭈물 하다가는 큰일 납니다." 우리가 어릴 때 부르던 정말 싸가지 없는 동요다. 그때 어른들은 도대체 무슨 생각으로 "동방예의지국"을 내세우면서 이런 노래를 아이들에게 가르쳤는지 지금도 이해가 안 간다.

어쨌든 CTM은, 어르신이건 시니어건 노인이건 간에 나이에 상관없이 이런 것들을 얻을 수 있다.

1) 기억력을 증강시킬 수 있다

한 마디로 남들이 부러워할 만한 기억력이 필요해졌다. 내 20대로 돌아가는 것이 목표가 아니다. 그때의 학교성적 등을 돌이켜 보면 지금 내가 바라는 것과는 천지 차이다. 현재 20대 초반 젊은이들과의 경쟁에서, 우위를 점할 수 있는 기억력이 필요했다. 그것을 얻었다.

2) 집중력과 지구력을 높일 수 있다

이 역시 어린 시절로 돌아가는 것만으로는 충분하지 않았다. 좀 더 몰입이 가능한 집중력과 지치지 않는 지구력이 필요했다. 그렇지 않으면 하루 6~7시간 수업을 무사히 따라 가기가 힘들기 때문이다. 충분하게 우위를 점하며 수업을 리드해 갈 수 있었다.

3) 감수성을 높일 수 있다

한 50년 정도 거꾸로 돌아간 시절의 내가 목표였다. 가슴 뭉클한 좋은 시를 보면 그때처럼 가슴 속이 훈훈해지고 싶었다. 감동적인 사연을 보면 눈물 흘리고 나를 돌아보는 계기로 삼아

지게 하고 싶었다. 그때로 돌아가고 싶었다. 그리고 나는 지금 그때에 있다.

4) 시력을 회복할 수 있다

나이를 무시한 시력으로 돌아갈 수 있었다. 밝힌 대로 현재 양쪽 모두 1.2를 유지하고 있다. 아무런 불편 없이 신문과 사전 을 읽을 수 있다.

5) 정상 혈압을 유지할 수 있다

우리나라 IMF 외환 사태를 겪으면서 혈압약을 한 2년가량 복용했다. CTM 실시 후, 어느 날 슬그머니 정상 상태로 돌아와 서 약을 끊은 지 7년이 지났다. 지금은 완전 정상이다.

6) 유연성이 회복된다

지금 양발을 붙이고 서서 두 손바닥을 땅에 붙일 수 있다. 무슨 요가나 운동을 통한 것이 아니다. 그리고 대단한 것도 아니다. 내 20대에 할 수 있었던 것을 지금도 할 수 있게 회복되었다는 뜻이다.

7) 술을 통제할 수 있는 힘(제주력)을 기를 수 있다

제주력(制酒力)이라는 단어는 일반적으로 잘 쓰이지 않는다. 그러나 여기에서는 술을 통제할 수 있는 힘이라는 뜻으로 사용했다. 술을 입에 댄 이래 거의 50대에 이를 때까지 발설하기 난처한 사연들이 참 많았다. 끊기도 여러 번 했으나 한 달을 넘겨 본 적이 없었다. 자책과 고민을 수없이 거듭한 끝에 CTM에 닿았다. 처음 내가 세운 목표는 이렇다. 술의 양에 제한이 없으나 통제할 수 있을 것. 절대 다음 날 숙취에 시달리지 않을 것. 음주가 건강에 영향을 주지 않을 것. 그런 징후를 느끼면 즉시 술 맛이 떨어질 것 등으로 세웠다. 여기까지 들어보고 '이게 가능해?'라고

질문할 사람이 있을 것이다. 내 대답은 이렇다. '가능해!'

자신 있게 말할 수 있다. 평소 일주일에 4~5번 즐기지만 정기 검진 때마다 간수치는 20대와 같다. 제주력이라는 신조어까지 내걸며 설명하는 이유가 있다. 우선 누구나 할 수 있는 것이다. 그 반증으로 부끄럽지만 과거 내 술주정 때문에 일어난 일 등을 여과 없이 썼다. 여러 가지 내가 얻은 것들 중에 특히 술에 관한 것은 가능한 한 세세히 설명하고 예를 들었다.

친구들 대부분이 술꾼이라는 이유도 있지만 아무리 탁월한 방법이라도 본인 납득 없이는 실행이 어렵다. 또한 모든 것을 무시해도 이 부분만큼은 꼭 습득하길 바라는 마음에서다. 우리 세대의 대부분은 이럴 것 같다. 머리가 좀 굵게 되면 친구들 분류가 술꾼, 비 술꾼으로 나뉜다. 좀 지나면 대부분 술꾼들끼리 자주 만나게 된다. 난 사랑하는 친구들 중 3명을 술로 떠나보낸 아픈 기억이 있다. 제일 속을 털어놓을 수 있는 흉허물 없는 친구들을 잃어버렸다. 어느 날, 같이 사막을 여행하던 일행이 갑자기 사라지고 혼자 남은 것 같았다. 겪어보지 않은 사람은 모른다. 더 이상 이런 일이 없기를 바라는 마음이 간절하기 때문이다.

술은 즐기되 철저히 통제할 수 있어야 한다. 왜냐하면 이건 다른 능력들과 다르다. 잘못 다스리면, 자신과 주변을 파괴할 수 있는 정말 위험한 것이다. 특히 노년을 혼자 맞게 되면 더욱 위험해진다. 술에 처참하게 무너진 친구들의 사연이 아직도 천근의 무게로 가슴에 매달려있다. 이것에 대해서는 강아지 목줄 끌듯해서라도 최대한 주변을 설득해 볼 생각이다. 만약 당신이 이미 제주력을 장악한 많지 않은 사람들 중 하나라면, 부디 나를 친구로 삼아 달라는 부탁을 남긴다.

3. CTM은 이렇게 준비한다

1) 제시된 과학적 근거를 통하여 결과를 확신한다

서두에 언급한 미국 하버드 대학교 심리학과 실험 "7일간의 기적"은 세계에 큰 충격을 주었다. 이 놀라운 결과에 세계 여러 단체에서 유사한 실험이 행해졌는데 결과는 모두 같았다. 이유를 명확히 설명할 수 없더라도 엄연한 과학적 사실이라는 것이 재현성을 통해 입증된 셈이다. 아주 많은 사실들이 이 실험을 통해서 밝혀졌지만 좀 더 다양한 실험들이 더해진 우리나라 예를 살펴보기로 하자.

2012년 EBS(교육방송) 다큐프라임(docuprime)에서 "황혼의 반란"이라는 제목의 비슷한 실험이다. 참가자들은 우리에게 매우 친숙한 이들이었다.

김한용(사진작가) 89세
하연남(원로배우) 86세
남성남(원로 코미디언) 82세
한명숙(원로가수) 78세
오승룡(성우) 78세

다섯 명은 30년 전으로 돌아가 당시의 언어와 미디어를 접하면서 7일간을 보냈다. 모든 것이 1982년으로 꾸며진 생활공간이 마련되었다. 필요한 모든 일도 본인이 직접 하기로 했다. 시간여행 3일차에 한명숙 씨는 짚고 왔던 지팡이 없이 걷게 되었다.

4일차에는, 젊은 학생들이 이들을 도와주는 자원봉사자로 투입되었다. 이들의 독립심을 흔들어보는 실험이었다. 그러자 이들은 곧 의존에 익숙했던 기존의 모습으로 돌아갔고 놀랍게도 한명숙 씨는 다시 지팡이에 의지하고 있었다.

이것은 노년의 독립심이 그들의 육체에서 어떻게 반응하는지를 극명하게 보여 준다. 나머지들도 모두 2012년으로 돌아가 버린 것이 확실해 보였다. 모든 것을 의존하면서부터 각자의 변화된 모습들이 다시 하루 만에 환원되어 버렸다.

그러나 다시 이런 저런 미션을 직접 수행하면서 7일이 지났다. 실험은 그렇게 종료되었다. 그리고 많은 전문가들과 의료진들이 전과 후를 비교해 보았다. 이들에게 나타난 변화는 실로 놀라웠다. 개인적 차이는 있었지만, 균형감각, 악력, 유연성, 걷기속도, 언어적 학습능력, 시각적 학습능력, 정신적 융통성, 전두엽 관리기능, 청각적 집중력, 통찰력, 암기력, 기획력, 반응속도, 언어유창성 등과 그밖에 정밀 건강 진단에서 상상 못하는 결과들이 나왔다.

두 실험 모두 단 7일 만에 나타난 변화였다. 사람들의 사고방식이나 행동양식에 따른 변화는 그렇게 많은 시간이 필요한 것은 아니라고 보여진다.

다음은 미국의 권위 있는 학술지 《성격 및 사회심리학 저널 (Journal of Personality and Social Psychology)》에 소개된 것이다.

예일 대학교의 존 바그(John Bargh) 교수의 실험이다. 피험자 그룹을 둘로 나누었다. 각각에 뒤섞인 단어들을 제공한 뒤 말이 되게 문장을 만들라고 요청했다. 초등 교육에 흔히 출제되는 문제 유형이다. 한쪽에는 주름, 회색, 연륜, 노년 등의 나이 듦과 관련된 단어들로 문장을 만들도록 했다. 다른 쪽은 같은 수준의 문제지만 나이 듦과는 전혀 상관없는 단어들이 주어졌다.

실험 참가자들이 과제를 끝냈다. 교수는 감사를 표한 뒤 나갈 수 있는 엘리베이터가 있는 곳을 가르쳐주었다. 참가자들은 당연히 실험이 종료되었다고 생각했다. 그러나 진짜 실험은 이제부터였다. 문 밖 복도에는 초시계를 든 다른 실험자들이 그들을 기다리고 있었다. 그리고 참가자들이 엘리베이터까지 걸리는 시간을 몰래 측정했다.

그랬더니, 나이 듦과 관련된 단어 문제를 푼 집단이 그렇지 않은 집단에 비해 상당한 시간이 더 걸렸다. 학술지에 발표하기 충분한 '유의미한 차이'가 나타났다. 불과 몇 분이었다. 깨닫지도 못하는 사이에 늙음과 관련된 단어들과 보낸 결과였다. 그것이 그들을 마치 노인처럼 걷게 만든 것이다. 어떤 생각이나 의지도 강요하지 않았다. 단지 어떤 단어들을 문법에 맞추어 생각해 본 결과였다. 그런데 그 단어의 의미가 무의식적으로 신체 기능에 영향을 준 것이다. 이것은 반대로, 젊음이나 청춘 또는 행복 등의 긍정적인 단어들을 접하면 그에 따라 반응한다는 뜻도 된다.

출처: The Unconscious Mind: Dr. John Bargh on "Before you know it", http//wonderfest.org

다른 실험 한 가지를 더 소개한다. 네덜란드 네이메헌 대학교의 아프 데익스터르후이스(Ap Dijksterhuis)와 아트 판 크니펜베르흐(Ad Van Knippenberg)도 이와 비슷한 실험 결과를 발표했다. 이들은 5분의 시간을 주었다. 한쪽 집단에는 훌리건(축구장에서 난동을 부리는 패거리)의 특징들을 적어달라는 요청을 했다. 그리고 다른 집단에는 대학교수의 특징들을 요구했다. 그 다음, 참가자들 모두에게 상식 게임 성격의 질문 40개씩을 주고 답을 받았다.

재미있는 결과가 나왔다. 같은 지식수준의 사람들이지만 훌리건 쪽 46% 그리고 교수 쪽이 60%를 맞혔다. 그저 잠시의 생각이었다. 이런 사람들은 이럴 것이라는 상상이었다. 그런데 사람들의 능력 발휘에 현저한 차이가 생긴다는 것이 밝혀졌다.

출처: Meer over Ap: http://apdijksterjuis.nl, Meer gesprekken over dit: http://nondualisme.nl

이것은 내재되어 있는 능력을 최대한 발휘할 수 있는 방법이 있다는 것을 의미한다. 따라서 최대치의 능력 발휘가 요구되는 어떤 상황에, 상상력이 동원되면 훨씬 효과적일 수 있다는 말이 된다. 국가대표 운동선수들 대부분이 하고 있는 마인드 컨트롤도, 이와 뿌리가 같은 이론에서 출발한 것이다.

다시 엘렌 랭어 교수의 다른 실험을 보자. 어느 호텔의 육체노동을 필요로 하는 직원들 84명이 대상이었다. 생각이 신체적 운동효과를 줄 수 있는지를 조사했다. 그들 중 반에게만 일상의 노동이 사실은 체육관에서 운동을 하는 것과 똑같은 효과가 있다는 설명을 해 주었다. '마음챙김운동(Mindful Exercise)' 연구였다. 그리고 2주가 지났다. 설명을 해 준 그룹에서는, 실제 2주간 체육관에서 운동한 사람의 전과 후를 비교한 수치와 유사한 차이가 발견되었다. 권위 있는 교수의 설명으로 운동효과를 마음에서 받아들인 것 때문에 나타난 결과였다. 이 실험은 뉴욕타임스가 2007년에 '올해의 아이디어'로 선정했다.

미국, 오하이오 주 마이애미 대학 노인학과 수잔(Suzanne) 교수는 "사람들의 태도가 수명에 미치는 연구" 결과를 이렇게 발표했다.

"아무런 조건 없이 단지 긍정적 사고만 가져도 7년 반의 수명이 연장된다."

역시 미국, 디트로이트주 웨인 주립대학교 아벨(Abel) 교수의 "긍정적인 마음이 수명에 미치는 영향"이라는 연구가 있다. 그는 1952년도 미국 프로야구에 데뷔한 선수들의 사진을 무작위로 입수했다. 그리고 사진에 나타난 표정을 3등급으로 나누었다.

'무표정' '미소' 그리고 '활짝 웃는' 등으로 나누어 각 1, 2, 3점을 부여했다. 그리고 2009년 그 중 150명이 사망한 후에 그들의 수명을 조사했다. 점수가 높은 사람이 그렇지 않은 사람들보다 단계적으로 5년(미소), 7년(활짝)을 더 산 것이 발견되었다.

왜 이런 일들이 일어나는 걸까? 현재까지의 과학은 이렇게 그기전을 설명하고 있다. 우리 뇌는 크게 대뇌변연계와 대뇌피질로 나뉘어져 있다. 전자는 자율신경계라고도 부르며 본능적인 호흡, 심박, 소화, 흡수 같은 생화학적 기능을 수행한다. 먹은 음식의 양에 따라 위산과 효소가 분비된다. 그리고 분해하여 영양소로 분리한 후 흡수한다. 이런 화학 반응들은 사람의 의지와는 전혀 관계없다. 뇌가 알아서 조정하고 수행하는 자동적인 기능이다.

그리고 대뇌피질은 언어, 판단, 통찰력, 추리력, 상상력 등의 인간 의식과 의지를 관장한다. 특히 이 부분은 모든 생물들 중에 인간이 제일 발달된 부분이다. 어떤 학자는 이 부분의 기능이 오직 인간에게만 있다고 단언한다. 인간과 동물을 구분 짓는 잣대가 되기도 한다. 이렇게 생명 유지에 작동하는 두 기관에 아주 특별한 연결고리와 특징이 있다는 것이 밝혀졌다.

자율신경계는 대뇌피질에서 생성된 정보에 무조건 반응한다. 그리고 두 기관을 가장 잘 이어주는 것은 상상력이다. 대뇌피질이 생각으로 어떤 이미지를 만들어 낸다. 그러면 자율신경계는 무조건 그것에 반응한다. 같은 이미지를 지속적으로 만들어 내면 이를 무의식에 저장까지 한다. 한 6번 정도가 반복되면 저장된다고 알려져 있다. 내가 지금 이야기를 진행시켜가고 있는 CTM의 과학적 설명이며 결과에 대한 답변이기도 하다. 이렇게 저장된 정보들은 그것들에 관련된 어떤 상황에 연관되면 즉시 발동한다. 이게 CTM의 요체다.

"황혼의 반란", 피험자들의 착각이든 상상이든 시간이 되돌려졌다는 생각에, 자율신경계가 무조건 반응했다. 이에 신체 기관들이 따라 반응한 결과로 설명할 수 있는 것이다. 옛날로 연출된 장소에서 생활한다는 것을 모르게 한 것이 아니었다. 잠시 실험을 해 보는 거라는 자의식이 있었음에도, 순간순간 지난 시절의 상황을 느껴 본 것만으로 놀라운 결과가 나타난 것이다. 그것은 지난 시절로 연출된 환경과 보도 매체 등을 접하면서 무의식적으로 상상력이 생각을 유도한 것이다. 유도된 생각은 자율신경계에 전이되고 이것이 신체 변화로 이어진 것이다.

그러면 지금 대학생활을 통한 나의 CTM이 어떤 효과를 나타낼지 짐작할 수 있을 것이다. 상상속의 현재 내 나이는 22세다. 강의실에서, 때론 술집에서 지지고 볶는 어린 동기생들도 같은 나이다. 유연성과 감성, 지구력 등이 옛날 같아지는 건 전혀 이상한 일이 아니다.

EBS 피험자들의 연출된 무대나 나처럼의 상황이 없다고 반론을 제기할 필요는 없다. 당신에겐 무한한 상상력이 있다. 무대가 연출된 것과 똑같은, 아니면 더 효과적인 상황을 만들 수 있다. 당신의 상상력이 더 구체적이고 더 실감나는 무대를 마음속에 만들면 된다. 효과는 같거나 더 크다. 이것은 당신의 상상력이 얼마만치 실한 근육으로 단련되어 있는지에 달려있다. 근육량과 치밀도가 효과와 비례한다고 보면 틀림없다. 상상력 부분에 대해서는 '3. CTM은 이렇게 준비한다'의 '상상력은 CTM이라는 타임머신의 연료임을 인정한다'에서 좀 더 확실한 과학적 근거와 세밀한 기능을 밝힐 것이다.

무대 울렁증이 있는 사람이 있다. 그런데 피치 못할 사정으로 대중 앞에 서는 것으로 결정되었다. 그럼 그때부터 심장 박동 수가 늘고 혈압이 오른다. 두 기관의 연결고리 탓이다. 자율신경계는 많은 사람들 앞에 직접 선 것과, 섰다는 상상을 구별하지 못한다. 이미 서있는 것처럼 반응하는 것이다. 수많은 청중 앞에 선 사람이 자기집안 거실에 식구들과 함께 있다는 상상을 하게 되면 무대 울렁증을 상당히 줄일 수 있다. 거기에 상상력을 위한 약간의 연습이 더해지면 효과는 더욱 더 증가한다.

연습을 위해서 학원에 다닐 필요는 없다. 아주 구체적이고 실감나는 상상을 형상화 시키면 된다. 그 상황에서 느끼는 감정에 그대로 몰입하면 된다. 냄새가 날 것 같은 상황이면 코를 킁킁거리며 냄새를 느끼려고 노력하면 된다. 그리고 마침내 원하는 냄새를 찾아 맡으면 된다. 탕약을 잔에 따르는 것 같은 상황이면 무언극하는 사람처럼 하면 더욱 효과적이다. 그럴 때, 탕약을 받은 잔이 뜨겁다고 느낄 수도 있고 진한 향이 난다고 느낄 수도 있다. 손이 뜨겁다고 느끼는 것이나 한약에서 나는 냄새는 이미 우리에게 저장되어 있다. 잔의 따뜻한 촉감과 피어오르는 한약의 향기를 맡는다는 상상은 이미 학습되어 있는 기억을 끄집어내는 일이다. 기억을 불러내어 잠시 그 상황에 머무르며 좀 더 실감을 더하는 것이다. 그게 디테일이다.

고층 빌딩 사이에 충분한 넓이를 준 다리가 있어도 사람들이 쉽게 건너지 못하는 이유도 이와 같다. 떨어지면 죽는다는 상상이 만들어 낸 것이다. 높은 곳에 올라가도 전혀 무서워지지 않는다면 사고 확률은 지금보다 훨씬 더 높을 것이 분명하다. 자율 신경계는 이런 무모한 짓을 사전에 막도록 설계된 안전장치다. 상황에 따른 정보를 분석하는 것과 그것에 의한 행동을 두 기관이 나누어 수행하기 위한 것으로 보인다. 자율신경은 반응하기 전에, 정보의 진위나 합리성을 판단하지 않는다. 대처 시간에도 늦게 될뿐더러 대뇌피질의 기능과도 겹치게 된다. 인간의 두뇌는 그렇게 비합리적이지 않다.

요즘 유행처럼 회자되는 '공황장애'는 부정적인 강박증이다. 자율신경의 과민 반응으로 볼 수 있다. 높은 곳에 오르지 않았는데도 올라간 것처럼 느끼는 어처구니없는 자율신경의 고장이다. 정신적인 문제인데 오죽해서 약물치료를 할까마는 그 부작용이 만만치 않다고 들었다. 나는 이것의 상당부분을 CTM으로 치료할 수 있다고 믿는다.

또 다른 특징도 발견되었다. 자율신경계는 시간과 공간도 구별하지 않는다. 어떻게 보면 우리가 꾸는 꿈과 같은 측면이다. 철저히 비논리적이다. 과거, 현재, 미래의 왕래가 전혀 어색하지 않다. 몇 십 년 전 일이라도 전혀 문제되지 않는다. 당시 기억이 되살아나기만 하면 된다. 그러면 마치 몇 시간 전, 몇 분 전에 경험한 것으로 받아들인다. 그리고 그 상황에 맞춘 신체적 변화가 유도된다. 지금 어린 시절 살던 집에 와 있다고 상상해 보자.

그리고 친구들과 신나게 놀고 있다. 그런 상상이라도 현재의 내 시간과 그때를 굳이 구별하지 않는다는 말이다. 우리 CTM의 또 다른 축이다.

개에게 먹이를 줄 때마다 종을 치면, 나중엔 종소리만 듣고도 침을 흘린다. 이러한 조건반사(Conditioning)도 같이 설명될 수 있다. 종소리가 맛있는 먹이의 식감 등을 머릿속에 떠 올리면 그 생각이 침샘을 자극하는 것이다.

정말 행복했던 어느 한 시점으로 돌아간 상상, 인생의 정점이었다고 생각되는 시점으로 돌아간 상상 등이 때때로, 수시로 대뇌피질에서 일어난다. 그러면 정신적 스트레스의 이완뿐만 아니라 신체 기능까지 그때로 돌아갈 수 있다는 뜻이다. 두말할 것도 없는 CTM의 기능이다.

육신이 정신의 영향을 받을 수밖에 없는 결정적 증거 하나를 더 제시해 본다. 지금은 많은 사람들이 낯설지 않게 양자물리학을 이해하고 있다. 그 중 한 부분이다. "관찰자 효과(Observer Effect)"라는 것이다. 이것은 원래 '빛은 입자이다'라는 학설을

'파동이다'라고 뒤집게 된 영국 토마스 영(Thomas Young)의 "이중 슬릿 실험(Double Slit Experiment)"에서 출발했다. 물론 지금은 빛이 입자라는 또 다른 증거로 인해 '빛은 입자이고 동시에 파동이다'라는 어쩔 수 없는 타협이 정설이지만 말이다.

이런 식의 설명으로 시작하다 보니 얼핏 이게 무슨 아주 복잡한 것으로 보일 수 있지만 내용은 그렇게 어렵지 않다. 두 개의 벽이 앞에 있다고 가정한다. 앞에 있는 벽에 구멍 2개를 나란히 뚫는다. 그리고 손전등을 두 구멍에 비춘다. 그러면 그 뒷벽에 두 개의 불빛이 보일 것으로 생각한다. 그런데 그가 아니었던 거다. 구멍이 2개이니 당연히 2개일 텐데, 여러 개의 불빛이 나타난 것이다. 그 여러 개의 불빛 때문에 빛이 알갱이인 입자가 아니라 물결과 같은 파동이라고 결론 낸 '이중 슬릿 실험'의 설명이다.

이렇게 설명해 볼 수도 있다. 창문이 없는 깜깜한 창고가 있다. 훤한 대낮에 지붕에 구멍을 하나 '뽕' 뚫었다. 당연히 햇빛 한줄기가 들어와 바닥에 동그란 상을 맺었다. 이번엔 그 구멍 옆에 '뽕' 하나 더 뚫었다. 그러면 당연히 두 개의 상이 바닥에 보일 텐데 이게 명암의 차이가 있지만 여러 개가 나타났다는 말과 같다. 이것을 통해 토마스 영이라는 학자가 말한 것이다.

"봤지? 먹물들아. 알간? 빛은 너희들 주장대로 알갱이가 아니라 파동이란 말이다."

이 실험은 지금도 누구나 간단히 해 볼 수 있다. 한 면에 검정 페인트칠을 한 투명유리 판을 두 개의 못으로 내리 긁어 빛이 통과할 수 있는 두 개의 선을 만든다. 그러면 가느다란 창문 같은 두 개의 투명선(이중 슬릿)이 생긴다. 이 가느다란 창문에 레이저 빛(PT 때 사용하는 레이저 포인트)을 쏘아 준다. 그리고 그 뒤편에 어떤 빛이 얼마나 나타나는지를 보면 된다.

만약에 빛이 입자라면 두 개의 상만 맺힐 것인데 그렇게 되지 않는다. 마치 물결이 두 개의 구멍을 통과한 후 서로를 간섭해서 생기는 여러 개의 상이 맺히는 결과가 나온다. 좀 더 쉽게 설명해 본다.

우리가 어릴 적 배웠던 동요에 이런 것이 있었다. "퐁당 퐁당 돌을 던지자. 누나 몰래 돌을 던지자. -중략- 건너편에 앉아서 나물을 씻는 우리 누나 손등을 간질여 주어라." 잔잔한 웅덩이에 돌 하나를 던지면 물결이 너울너울 퍼져 건너편까지 간다. 그러면 누나의 손등을 간질여 주는 것은 한 개의 파동이다. 그런데 둘 두 개를 동시에 양쪽에서 던지면 각각의 파동들이 곧 서로 겹치게 되어 파동의 개수가 여럿으로 늘어난다. 따라서 우리 누나 손등엔 여러 개의 파동이 도착하게 되는 것으로 설명할 수 있다. 돌은 단 두 개였는데 손등을 간질여 주는 파동은 여러 개가 되는 것이다.

빛은 의심할 여지없이 파동이라는 것이 증명되는 순간이었다. 이 실험에서 한 발 더 나아간 실험으로 밝혀진 놀라운 사실이 "관찰자 효과"다. 내가 제시하고자 하는 '정신이 물질에 영향을 준다'는 결정적 증거다. 이것도 설명이 그렇게 어렵지 않다.

1998년 양자물리학 분야에서 세계 최고 권위를 자랑하는 이스라엘 와이즈만 과학원에서 이중 슬릿 실험을 했다. 그런데 이번엔 빛이 아닌 물질의 최소단위(Elementary Particle)인 초미립자를 추출해서 빛 대신 방사시켰다. 물질을 나누고 또 나누어 더 이상 나눌 수 없을 때까지 나눈 입자를 가지고 똑같은 실험을 했다.

빛과 똑같은 결과가 나왔다. 여기까지만 해도 엄청난 여러 가지 추론이 가능하다. 물질은 실체가 있는 알갱이인 입자라는 것이 상식이다. 그런데 그것이 파동이라는 결과가 나온 것이다. 파동은 실체가 없다고 볼 수 있다. 그럼 우리가 느끼며 살고 있는 세상의 실체가 사실은 허구라는 말도 된다. 물질이 파동이라는 말은 그렇게 비약될 수도 있게 된다. 그러면 어떻게 질량이 있지? 질량의 정의가 잘못된 건가? 그런데 그게 다가 아니었다.

놀란 실험자들이, 어떻게 파동의 결과가 나왔는지 알아보기 위해 이중 슬릿(두 구멍)을 통과하는 부분에 카메라를 부착하고 관찰했다. 그랬더니 이번엔 입자처럼 두 개의 상만 맺혔다. 과학자들은 경악했다. 시쳇말로 멘붕에 빠진 것이다. 그대로 두면 파동으로, 어찌되나 들여다보면 입자로 보이는 운동을 하는 것이 발견되었기 때문이다. 이게 물질이므로 당연히 2개의 상만 맺어야 하는데, 왜 이럴까 들여다보면 마치 '알쓰, 방새야' 너희들 상식에 맞춰주마 하는 것처럼, 2개의 상만 보였다. 이걸 어떻게 설명해야 할까?

결과를 합리적으로 설명할 수 있는 방법은 딱 하나다. 물질이 인간의 생각에 영향을 받는다는 것이다. 이것을 과학적으로 입증한 것이다. 이 실험을 두고 세계적인 물리학 전문지 《물리학 세계(Physics World)》에서는 "인류 역사상 가장 아름다웠던 실험"으로 선정했다. 그러나 그 후에도 끊임없는 논쟁과 실험으로 지금의 양자 역학은 일반인들의 이해를 쉽게 허락하지 않는 수준에 와있다. 그러나 그건 내 영역이 아니다.

거기에서 나는 인간의 정신이 왜, 어떻게 물질에 영향을 미치는 것인지 좀 더 몰두해 볼 이유를 찾았다. 그리고 사고와 생각으로 육체인 내 몸을 조종할 수 있겠다는 확신을 얻었다. 이 밖에도 정신이 육체에 영향을 미친다는 결과는 수없이 입증되고 널리 알려져 있다. 이쯤에서 줄이고 다음으로 넘어가는 이유다.

2) 유연한 사고로 임한다

어떤 것인지 현존하는 우리 시대의 이론 물리학자 레오나르드 믈로디노프의 『유연한 사고의 힘(Elastic)』을 읽어보자. 개념을 정확히 이해해 두어야 상상력으로 진입하기가 용이하다. 또한 상상력을 공상이나 망상 또는 환상으로 취급하는 우를 범하지 않는다. 그리고 현존하는 세상에 꼭 필요한 이성(理性)과 논리에만 젖어있는 두뇌에 어떤 여지를 가질 수 있게 한다. 그대는 우선 이런 사고로의 출발이 필요하다.

그는 2018년에 작고한 스티븐 호킹 박사와 『짧고 쉽게 쓴 시간의 역사』(2005) 그리고 『위대한 설계』(2010)를 같이 쓴 인물이다. 그의 이전 작품을 읽은 호킹 박사의 제안으로 협업한 것으로 알려져 있다. 그는 인류의 개체 수가 단 600명으로 떨어졌던 13만 5000년 전의 멸종 위기에서 인류를 구한 것은 바로 유연한 사고라고 주장한다.

영문 원제인 "Elastic"의 사전적 의미는 고무로 만든 것 같은 탄력 있는, 신축성 있는 그리고 변통 가능한 것 등이다. 이는 감성적, 무의식적, 비선형적(non-linear)인 상향식(bottom up) 사고다. 좀 쉽게 풀면 모호함과 모순에 익숙한 사고다. 쉽게 납득되지 않거나 비상식적인 현상과 결과라도, 우선 있을 수 있는 일로 받아들인다. 왜 그런지의 의문이나 논리는 차후 문제로 간주된다.

이것의 반대 의미로 규정할 수 있는 분석적 사고는 논리적, 의식적, 선형적(leanear)인 하향식(top-down) 사고다. 딱 들어맞지 아니함과 모순을 못 견디는 사고다. 기존 논리나 상식에 반한다고 생각되면 '말도 안 되는 것'으로 치부하고 더 이상 신경을 쓰지 않는다. 사실 사회생활에 적용해야 하는 것은 대부분 이 사고가 맞다.

그러나 인류의 멸종위기에 새로운 식량이나 사냥 방법이나 유용한 도구들을 발견해 낸 것은 유연한 사고로 부터라는 것이다. 그는 이어 분석적 사고는 정신의 집중이, 유연한 사고는 정신의 이완이 필요하다. 따라서 적당한 음주도 많은 도움이 된다고 썼다.

내 사고의 한 단면을 소개한다. CTM의 기조가 된 생각들이다. '건강한 신체에 건강한 정신'이 깃든다고 배웠다. 틀린 말이다. '건강한 정신에 건강한 육체'로 수정되어야 한다.

이번엔 실험 등을 통해서 나타난 사실을 다른 각도에서 해석해 본다. 이 부분은 전적으로 내 개인적 견해다. 유연한 사고로 진입하는 틈새 사고로 이해하면 될 것이다.

나타난 일련의 결과들은 '정신이 신체에 영향을 준 것이 아니다' 라고 일단 주장해 놓고 본다. 그러면? 그게 아니라 실은 '정신이 시간에 영향을 준 것이다'. 즉, 30년 전으로 돌아갔다는 상상이 시간을 왜곡시켰다. 그리고 시간을 되돌렸다. 그것이 상상과 연관된 신체 기관들의 생체시계를 거꾸로 돌게 만든 것이다. 이렇게, 시간은 결코 완벽한 것이 아니라는 쪽으로 결론을 내놓는다.

　한국에서도 널리 알려진 영화 '인터스텔라'를 잠깐 감상해 보자. 주인공이 소행성에 난파된 동료를 구하기 위해 현장에서 1시간 남짓의 구조 작전을 벌였다. 그러나 그 사이 행성 밖 우주선에서 대기하던 또 다른 동료는 30년의 시간을 보낸 것이 된다. 구조 후 복귀한 주인공과 60대 노인의 모습으로 조우한다. 우주 한 구석 어떤 별에서의 1시간은, 지구에서 몇 십 년에 해당할 수 있다.

　궤변 취급을 받더라도 하나 더 보태보자. 모든 변화는 시간을 동반한다. 우리 신체의 노화도 시간이 작용한 결과물이다. 시간의 작용 없이는 어떤 변화도 일어나지 않는다. 그렇다면 신체의 과거 기능 회복은 시간의 변화일 수밖에 없다. 거기까지 간 다음 결론은 이렇게 낸다. 그것의 동력은 생각이 만들어 낸 상상력이다. 그러므로 우리는 자신의 의지로 시간을 거꾸로 흐르게 할 수 있다. 비록 상식의 선을 넘어 진행시킨 논리라도, 서두에 언급한 디펙 초프라 박사의 말에서 과히 벗어나지 않는 결론이다. 유연한 사고가 무조건 배척 받지 않아야 할 다른 이유다.

이번엔 모든 생명체들의 수명에 관한 내 생각은 말해 본다. 모든 인간들이나 동·식물의 수명은 그 자체에서 보면 한 단위(unit)이다. 다만 그 단위를 제3자의 관점에서 본 길이가 다른 것 뿐으로 생각한다. 고급 요리로 취급되는 랍스터(Lobster)의 수명은 100년, 뱀장어 155년, 붉은 성게 200년, 거북이 300년, 상어 400년 그리고 탕이나 구이로 즐겨먹는 대합조개는 500년 살 수 있는 것도 있다. 나는 이들을 모두 한 생(生)으로 본 것이다. 즉, 한 유닛(unit)이다. 누구에게나 공평하게 주어진 한 생이라고 본다. 그러면 왜 각자의 수명 길이가 다른가? 이것은 각자의 시간 속도가 다르다고 보는 것이다.

인간의 수명도 누구나 공평하고 변하지 않는 절대적인 것으로 주어진 1 unit으로 본다. 그러면 똑같은 1 unit인데 서로 다른 수치가 나온다. 시간의 속도가 다르기 때문이다. 제3자가 보면 일찍 죽었거나 장수한 것이다. 그렇지만 본인들은 공평한 한 생을 살다 간 것뿐이다.

60세에 세상을 떠난 사람과 100세에 떠난 사람이 있다. 이들은 각자 똑같이 주어진 한 생을 살았다. 그런데 한 사람은 60분의 1의 속도로 살았고 다른 한 사람은 100분의 1의 시간속도로 살았다고 보는 것이다. 일테면 시속 100㎞와 60㎞의 차이나는 속도로 같은 거리를 주행한 것과 같이 본 것이다. 당연히 빠른 쪽이 먼저 도착한다.

결론은 이렇다. 각자는 스스로 시간의 속도를 결정한다는 것이다. 그렇지만 본의보다는 관습적, 일상적 그리고 습관적 타의에 의해 더 많은 영향을 받는다고 생각했다. 난 모든 인간들이 1 unit의 수명으로 100년 정도를 공평하게 받았다고 보았다. 그리고 생을 시작한 순간부터 마이너스 셈법이 작용된 것이다. 그것 때문에 각자의 수명이 다르게 된 것으로 보았다.

이게 왜 말이 되는지 그리고 무엇이 속도를 느리게, 빠르게 조정하는 지, 어떤 본의와 어떤 타의가 속도를 바꾸는 요인인지, 그리고 어떻게 바람직한 속도를 유지할 수 있는 지 알아 볼 것이다. '무한긍정의 생활태도를 유지한다'에서 자세히 설명할 예정이다.

　이런 식으로 현존하는 과학적 이해와 다른 것을 찾는 건, 순전히 내 습성이다. 어지간한 게으름으로 기존의 대세에 편승 못하는 열등감이, 아마도 대안을 찾다보니 이런 버릇이 든 것 같다. 공부 잘하는 사람들 보면 부럽기도 하지만 좀 두렵기도 했었다. 아직은 닥치지 않았지만 어차피 경쟁해야 할 상대에 대해, 본능에서 나오는 심리적 경계심이었는지도 모른다. 이런 내 습관이 칭찬 받을 일이 아닌 건 분명하다. 그러나 일단 의심해 놓고 보면 다른 상상으로 돌파구를 찾을 수밖에 없게 된다. 나는 이것을 어쩔 수 없이 즐기게 된 것 같다. 그렇지만 늘 그것의 결과는, 내 게으름도 언젠가 답이 될 수 있다는 긍정으로 귀결되곤 한다. 그래서 엉뚱한 논리가 생소하지 않다. 내가 어떤 계기로 CTM에 닿게 되었는지의 배경을 설명하고 있다고 보면 된다. 또한 이것이 당신에게도 필요해 보이기 때문이다.

　CTM에는 바로 이러한 "유연한 사고의 힘"이 필요하다. 이 힘이 다소 엉뚱한 상상을 용납하며 그것의 골격으로 자리 잡는다.

그 골격에 한 조각 두 조각 치밀하게 엉겨 붙은 근육들이 상상력이다. 이것을 확실하게 키워 둘 필요가 있다. 영화 '터미네이터'의 아놀드 슈왈츠제네거나 이소룡처럼 튼실하게, 프랑스 속옷 모델들처럼 빵빵하게 키워두는 것이 바람직하다. 상상력의 장에서 과학적 고찰과 함께 다시 언급할 예정이다.

어쨌든 무엇이든 일단 삐딱하게 놓고 본다. 그러면 다른 논리로 돌파구를 찾을 수밖에 없게 된다. 이런 습성이 있는 사람들이 적지 않다. 나도 그 중 하나다. 이런 식의 생각에 기발한 사람이 아마 이외수 작가이지 싶다. 몇 마디 그의 생각도 재미 삼아 옮겨본다.

정신병자: 보통 사람보다 훨씬 확고한 자신의 가치관을 가지고 살아가는 사람

식인종: 인구 증가와 식량 증가를 동일시하는 민족

기도: 신이 매사를 완벽하게 선처해 놓았는데도 불구하고 이에 불만을 품은 인간들이 처우 개선을 구두로 상소하는 행위

명예박사: 자신이 진짜 박사가 아니라고 하는 사실을 대학이나 학술 단체에서 공식적으로 인정받은 사람

3) 무한긍정의 생활태도를 유지한다

며칠 전에 있었던 일이다. 집사람이 안동 찜닭 요리하는 법을 배웠다며 닭 한 마리를 사들고 들어왔다. 제법 푸짐하고 맛도 괜찮은 찜닭이 상에 올라왔다. 보통의 경우처럼 먼저 닭다리 한 개를 뜯었다. 다른 걸 집으려는데, 아내가 다리 한 개를 더 내 접시에 올려놓았다. 늘 두 사람이 먹는데 이건 아니다 싶어 사양했다. 그런데 그게 아니라는 거였다. 자기 몫은 접시에 있다며 도로 올려놓았다. 건너다보니 실제로 아내의 접시에도 닭다리 한 개가 있었다. 어? 분명히 아까 다리 한 개를 먹었는데 왜 다리가 3개지? 사실의 규명보다는 이 사건에서 다른 사람과 CTM으로 무장된 내 사고의 차이를 보자. 귀하는 어떻게 생각하는지도 함께 생각해 볼 것을 권한다.

다른 사람: 닭 파는 사람이 잘라주면서 모르고 다른 닭의 다리 한 개를 더 주었나보다 아니면 내가 먹었다고 생각한 것이 착각이었겠지.
나: 옳거니, 드디어 내가 오늘 전설 속에 나오는 삼족오(三足烏: 다리 3개 달린 까마귀로 옛 고구려의 상징)의 사촌 형님 뻘 되는 삼족계

를 먹어보게 되는구나. 이게 도대체 무슨 행운이란 말인가. 내가 전생에 나라를 구한 것이 틀림 없나보다. 이런 신령스런 보약을 오늘 먹었다. 앞으로 고혈압이나 당뇨가 생길 턱이 있나. 죽을 때까지 만수무강은 떼어 놓은 당상이다.

다리가 네 개면 어떨까? 어이쿠, 내가 먹은 닭은 다리가 네 개 달린 개 하고 똑같이 생겼나보다. 거기에 날개도 달린 영물이었구나 이걸 먹은 자가 평생 아플 일이나 재수 없는 상황을 겪을 일이 있겠는가. 염치없게도 하늘의 도움을 매번 받는구나. 예수 그리스도, 나무아미타불 관세음보살, 알라 아크바르드.

일종의 피그말리온(Pygmalion) 효과를 극대화 시키는 습관이다. 피그말리온은 그리스 시대 아프로디테 신전이 있는 키프로스 섬에 살았던 조각가다. 당시 여인들의 정조 관념에 실망한 그는 자신이 만든 조각상을 사랑하게 된다. 아프로디테 축제의 날, 그는 자신의 여인상을 사람으로 만들어 달라고 간청했다. 빌고 또 빌었다. 그리고 여신의 자비를 믿었다. 마침내 여신을 감복시켜 그의 조각상은 갈라테이아라는 사람으로 바뀌었다. 이처럼 간절한 바람과 결과를 믿으면 소원이 이루어지는 경우를 심리학에서는 자기암시 효과라고도 부른다.

〈피그말리온과 갈라테이아〉

캔버스에 유화, 미국 뉴욕 메트로폴리탄 미술관 소장품

귀하는 어떤가. 한 가지 더 예를 들어본다. 누구나 차에 주유를 해야 한다. 난 그럴 때마다 가급적이 아닌, 꼭 그렇게 숫자를 맞추려고 노력한다. 77,700원 어치 넣는다. 그게 안 되면 7만 7천 원 아니면 7만 원 어치다. 7이라는 숫자가 행운을 뜻하는 일반적 개념 때문이다. 내게는 늘 행운이 따른다는 그 믿음을 담보하는 자기 납득을 위해서다.

"Dream is nowhere!(꿈은 어디에도 없다)"라는 말도,
"Dream is now here!(여기에 꿈이 있다)"라고 단 한 칸만 띄어 쓰면 된다.

그 외에도 학교 교과목에 필요한 YBM 토익 시험이나 커피협회(교과목의 일부라서 최고령으로 바리스타 자격증을 획득했다), 기타 등에 가입해야 할 경우, 내 아이디나 비번은 모두 Bravo, Brave, Super Senior, Lucky, Happy, Healthy 등이고 숫자는 777이다. 기호는 $나 ₩를 쓴다.

돈 드는 일 아니고 세금 내는 일 아니다. 게으름이 문제될 것도 없다. 생각만 바꾸면 된다. 그런데 이런 평소의 습관이 때때

로 뜻하지 않게 엉뚱한 효과로 나타나기도 한다. 아주 가끔 미국 라스베이거스나 애틀랜틱시티 카지노에 갈 때가 있다. 일행 중 누구보다 승률이 높다. 무슨 블랙잭이나 포커에 남다른 기술이 있어서가 아니다. 가장 단순한 번호 맞추기인 룰렛이나 슬롯머신을 즐긴다.

90% 따가지고 온다. 대부분 마누라도 아들도 며느리도 같이 간다. 직접 가서 같이 격어 본 경험이라 내 승률을 부인하지 못한다. 왜 그런지는 설명하지 않는다. 다만 처음부터 난 잃지 않을 것이라는 남모르는 자신감이 있었을 뿐이다. 모든 승률은 내가 잃거나 따거나 반반으로 보고 임한다. 사실 반반일 수는 없다. 카지노가 절대 유리하다. 거의 모두가 털리고 오는 이유다.

그러나 내가 따거나 잃을 확률로만 본다면 반반이다. 그런데 그 반반 중에 나는 평소 남들보다 아주 운이 강해지는 습관을 쌓아왔다. 이길 확률이 남보다 월등히 높을 것이 당연하다. 내 승률은 우선 50%로부터 출발한다. 더구나 기계들은 무생물이고 물질이다. 반면에 나는 정신이다. 정신이 물질에 영향을 준다는 것은 양자역학으로도 확인 된 사실이다. 무한 긍정으로 놈을 다스리지 못 할 이유가 없다는 생각으로 임한다.

결과에 대한 것은 모두가 보았다. 그래서 일행에게 주로 밥을 사는 것은 나다. 이런 결과에 대해서는 아무 말도 하지 않는다. 이걸 쓸데없이 떠들다가 잘못 해석되면 여러 사람 신세 망치는 첩경일 수 있기 때문이다. 그들은 그저 뭔지 모르지만 손속이 있는 사람으로 인식할 뿐이다. 그러나 그건 평소에 내 사고 습관에서 기인된 것이 틀림없다. 그렇다고 이걸 실험해서 결과를 가지고 내게 왈가왈부하는 것은 사양한다. 도박은 본인 책임이고 아직까지 그걸로 잘 먹고 살았다는 자를 본 일은 없기 때문이다.

방송 등에서 접하는 장수자들 대부분은, 비결로 "긍정적인 생각"을 빠뜨리지 않는다. 그러나 그 구체적 방법을 말한 사람은 없다. 내가 그런 류의 방송을 보면서 많이 아쉬워했던 부분이다. 누구는 비관적이고 싶겠는가, 당장 목전에 걸린 심각한 상황에서 어떻게 긍정적일 수 있는가. 그들도 역시 인생을 살면서 매사 순탄하기만 했을 리 없다. 그러나 그들만의 어떤 방법으로, 극복하고 평안을 얻었을 것이다. 질문자는 방법을 묻지 않는다. 몇 마디 대답으로 설명하기가 어렵기 때문으로 짐작된다.

이것을 굳이 설명하라면 우리 뇌의 망상 활성화 시스템(Retic-ular Activating System)이라는 기관을 예로 들 수 있다. 잠시도 멈추지 않고 우리에게 여러 경로로 들이 닥치는 정보를 처리하는 곳이다. 무자비한 정보의 홍수 속에서 꼭 필요한 것만 골라주는 일종의 필터링 장치다. 그런데 또 한 가지 기능이 발견되었다. 긍정과 부정의 성향에 따라 편향된 정보를 선택한다는 사실이다. 이는 매사에 긍정적인 사람에게 긍정적인 정보를 더 많이 골라준다. 이는 결국 긍정적 결과를 초래하는 결정적 시발점이 된다는 것이다. 이런 시스템을 '마음의 보안관'이라고 부르는 이유다.

이 장에서 나는 '무한긍정의 생활태도'가 습관화 되어 늘 유지되는 것을 강조하고 있다. 그런데 자신도 모르게 이 습관을 파괴하는 고약한 것들이 있다. 위의 '유연한 사고의 힘'에서 설명한 내 논리 중에 인간 수명을 상기해 주기 바란다. 나는 모든 생명체의 수명을 한 단위(unit)로 생각했다. 동일하고 누구나 공평하게 주어진 것으로 보았다. 인간들에게는 누구나 100년 정도의 공평한 시간이 주어졌었다고 본 것이다. 그런데 왜 각각의 수명이 차이나는 지의 설명이다. 그것은 각자의 단위마다 각각 다르게 흐른 시간 속도 때문으로 본 논리다. 그리고 무엇이 시간 속도를 조정하는가 하는 문제를 여기서 다루어 보려고 한다.

어렸을 때나 젊은 시절보다 후반기에 더 많은 생의 시간을 잃는다고 보여 진다. '늙으면 다 그런 거야', '금방 들어도 뒤돌아서면 잊어버려', '한 해 한 해가 너무 달라', '이건 퇴행성이라 방법이 없어' 이런 따위의 말들은 전혀 사실이 아니다. 다만 당신의 시간을 사정없이 빼앗는 것들이다. 그리고 그에 따른 신체 기능들을 약화시키는 원인일 뿐이다. 그렇게 말하고 듣고 수긍하면 두뇌는 즉시 그걸 받아들인다. 왜 이렇게 되는지의 과학적 근거는 이미 충분히 설명했다. 그렇게 행동하도록 프로그램 되어 있는 것이다. 그런 것들로 인한 가속으로 남은 시간이 줄어들고 기능도 그만큼 쇠퇴하는 것이다.

그런 일이 잦으면 속도가 빨라진다. 신체 기능도 따라서 약화된다. 그러면 이것이 당연시되고 잠재의식 속에 축적된다. 그리고 이와 비슷한 말이나 글이나, 주변의 조언이나 견해가 인지될 때마다 그걸 수긍하며 속도가 가속된다. 악순환이 되는 것이다. 그것이 각기 다른 인간 수명에 대한 내 생각이다.

'늙었으니까'를 수긍하면 시속 1㎞, '퇴행성'을 수긍하면 시속 2㎞가 더 빨라진다. 그렇게 주어진 단위의 끝을 향해 달려가는 것이다. 이런 폐해들로부터 자신을 방어하기 위한 방법으로 나는, 내가 왜?라는 3음절을 늘 가슴 속에 지니고 산다. CTM을 이해하는 논리에 버금가는 중요한 것 중 하나다. 실전에 꼭 필요한 생활습관이다. 누구라도, 어떤 경우라도 툭 치면 바로 튀어나오는 세 음절이다.

"내가 왜?"

이 물음은 십 수 년 전부터 언제나 내 마음속에 살았다. 시간을 염치없이 마구 갉아 먹는 모든 언어 공해로부터 나를 지켜주는 보호막이다. 내 마지막까지 함께 할, 이미 답이 나와 있는 화두다. 지극히 평범한 자를 조금 특별하게 만들 수 있는 실전용 아이언맨 슈트 같은 것이다.

내가 왜?라는 물음 뒤에는, 왜 그걸 못해, 왜 하면 안 돼, 왜 그렇게 해야 하는데 등의 많은 긍정과 부정의 또 다른 의문문들을 붙일 수 있다. 나는 이 3음절을 이렇게 사용한다. 가족이거나 친구거나 직장동료이거나, 하다못해 TV에서라도, 아니, 남들 간의 대화중에서라도, 이런 말들을 들으면 나는 즉시 이렇게 반응한다.

"나이 드니까 이젠 예전과 확실히 달라." - 내가 왜? 나는 아닌데.
"세월 가면 다 그런 거야." - 내가 왜? 난 아닌데.
"나이 들었으니 참아야지." - 내가 왜? 이건 참아선 안 되는 일인데.

그렇게 사람들에게 일일이 응대한다는 말은 아니다. 그저 그럴 때마다 속으로 자문자답해서 그 말이 주는 공해로부터 자신을 보호한다는 말이다. 특히 모든 "퇴행성" 어쩌고 하는 말들은 무조건 부정한다. 왜냐하면, 과학적 견지에서 볼 때 퇴행성은 논리에 어긋난다. 인간 피부세포는 시간 당 3만~4만 개가 떨어져 나가고 다시 재생된다. 1년에 약 3.6kg이 소실되고 재생된다. 창자세포는 2~3일, 허파세포는 2~3주, 적혈구는 4개월, 간세포는 5개월에 재생된다. 즉, 1년 전의 내 몸은 지금의 몸이 아닌 셈이다. 몇 부분을 제외하면 신품인 셈이다. 이건 현대의학이 밝혀낸 사실이지 내 주장이 아니다.

엄밀한 의미의 퇴행성은 극히 일부분이다. 재생하는 속도보다 더 빨리 사용하는 경우거나 과격한 운동으로 탈이 나는 경우다. 의사들이 나이든 환자에게 '퇴행성'이라는 말을 참 자주한다. 당연한 것으로 받아들이면 신체는 그것을 근거로 즉시 퇴행으로 반응한다. 그렇게 타의에 의해 수명이 줄어든다. 환자의 생각에 의해 퇴행되는 속도는 실제 닳아 없어지는 속도보다 훨씬 빠르다.

지금 나는 만 73세다. 그것이, 한 개의 간으로 73년 간 희고 제치고 마시며 살았다는 걸 의미하지는 않는다. 간세포는 5개월 주기로 재생된다. 그럼 왜 간암이 생기느냐고 내게 들이대지는 마시라. 그건 의학 전문가의 설명을 듣는 게 좋다.

내가 권하는 것은 '퇴행성'으로 어쩌고 하는 말은 즉각 '내가 왜? 나는 아니야'로 부정부터 하고 본다는 것이다. 결코 손해 보는 일은 없다. 그 보다는 실제 원인을 찾는 데 신경을 쓰는 편이 좋다고 생각한다. 아무리 하찮은 사상이나 언어나 관습이라도,

긍정의 흰 바탕이 얼룩으로 오염되지 않도록 막는 습관이 곧, 내가 왜?이다.

한 예를 더 들어보자. 우리나라 대중가요의 역사는 대략 100년 정도 접어든다. 시대에 따라 대중들의 가슴을 울렸던 가수들이 아주 많다. 그들의 히트곡과 인생 역정이 많이 비슷하다는 이야기를 한 번쯤 들었을 것이다. 많은 예 중에 대표적인 두 가지만 들어 본다.

'산장의 여인'을 부른 가수 권혜경이다. 1931년생인 그녀는 서울대 음대 출신의 재원이다. 패티킴, 조영남 등을 실력으로 배출한 우리나라 가수들의 등용문이었던 미 8군 무대 출신의 1세대다. 그녀의 노래 가사 내용이다.

아무도 날 찾는 이 없는 외로운 이 산장에
단풍잎만 채곡채곡 떨어져 쌓여있네
세상에 버림받고 사랑마저 물리친 몸
병들어 쓰라진 가슴을 부여안고
나 홀로 재생의 길 걸으며 외로이 살아가네

더 붙이고 뺄 것도 없이 그녀는 노래 가사 대로 일생을 마쳤다. 이걸 증거라고 부득부득 우길 생각은 없다. 그러나 예로 들 수는 있을 것 같다.

이번엔 가수 송대관이다. 쨍하고 해 뜰 날의 가사를 옮겨 본다.

꿈을 안고 왔단다. 내가 왔단다. 슬픔도 괴로움도 모두 모두 비켜라.
안 되는 일 없단다. 노력하면은… 쨍 하고 해 뜰 날 돌아온단다.
뛰고 뛰고 뛰는 몸이라 괴로움지만… 힘겨운 나의 인생 구름 걷히고…
산뜻하게 해 뜰 날 돌아온단다. 쨍하고 해 뜰 날 돌아온단다.

그 역시 노래 가사를 그대로 경험했다. 가수가 한 번 히트곡을 내면 아마도 최소한 그 노래를 만 번 정도는 부르지 않았을까? 내 생각이다. 가수는 노래 가사에 감정을 싣는다. 그렇게 만 번의 감정 이입이 되었다고 말할 수 있다. 그것이 그들의 '망상 활성화 시스템'을 작동시켰을 것이다. 그리고 그 작용과 더불어 감정이입으로 상상된 상황이 자율신경을 자극했다고 설명할 수 있다.

이번엔, 상상의 힘이 어떤 일도 할 수 있는지 다른 예를 들어
본다. 어떤 냉동회사에서 일하던 사람의 이야기다. 평소 모든 직
원들에게 냉동 창고는 안에서 열지 못하도록 설계된 위험한 공
간이라는 교육이 있었다. 즉, 갇히면 얼어 죽는다는 말이다. 그
런데 어떤 연유로 그가 창고 안에 갇히는 일이 벌어졌다. 결국
그는 창고에서 얼어 죽은 채 발견되었다. 부검 결과 동사자가 틀
림없다는 결과가 나왔다. 그런데 놀라운 사실이 밝혀졌다. 그
사건이 있던 날 냉동 창고는 가동 중이 아니었다. 즉 냉동 상태
의 온도가 아닌 실온이었다는 말이다. 밖은 선선한 늦가을 날씨
였다. 이제는 별수 없이 얼어 죽을 수밖에 없다는 상상력이 그
를 죽게 만든 원인으로 규명되었다. 상상력은 시간만 되돌릴 수
있는 게 아니다.

내친 김에 한 발 더 나가보자. 미국 영화는 대개가 해피엔딩이
다. 인어공주의 원본도 무시하고 왕자와 인어공주의 해피엔딩으
로 마감시켜야 직성이 풀리는 심리다. 짧은 역사에도 불구하고 세
계 최강의 국가가 된 원인의 한 근저일 수 있다고 나는 생각한다.

우리 어렸을 때, 봄이 오면 많은 집들이 대문에 입춘이라는 걸 써 붙였다. 요즘은 볼 수 없지만 내 나이 또래들은 잘 알고 있다. 이것 역시 원래의 목적은 긍정의 힘을 믿은 것에서 시작한 것으로 생각된다. 입춘대길(立春大吉), 건양다경(建陽多慶) 우리 선조들의 지혜로 보인다.

4) 상상력은 CTM이라는 타임머신의 연료임을 인정한다

사전 준비로 습관이 된 유연한 사고에서 발현한 상상력은 CTM의 가장 중요한 필수 조건이다. 우선 이것이 무엇인지 정확한 의미로부터 시작해 본다. '상상'의 사전적 의미는 '경험하지 못한 일을 마음속으로 그리며 미루어 생각함'이다. 따라서 상상을 하는 심적 능력이 상상력이다. 이와는 약간 의미가 다른 '환상'은 현실에 없는 것을 있는 것 같이 느끼는 상념이다. 느낌의 주체는 같지만 상상은 능동적이고 환상은 수동적이다. 따라서 환상력이라는 말은 없다.

CTM이 필요한 것은 철저히 자의적이고 능동적인 상상력이다. 유연한 사고의 폭이 좁은 사람들은 상상과 공상을 동일시하는 경향이 있다. 시간 낭비를 수반한 비생산적인 것으로 취급한다. 그러나 그런 사람도 사실은 상상력을 통한 생활 속에 살고 있다. 그들도 영화나 연극 그리고 TV드라마를 본다. 모두 철저한 상상력의 산물이다. 우리 곁의 문학 작품이나 예술의 세계도 뿌리는 같다.

상상력이 무엇인가라는 문제는 아주 많은 학자들이 제 나름의 여러 가지 설명을 내놓고 있다. 그러니 여기서 더 논할 일은 아니다. 여기서는 인류 역사에 족적을 남긴 두 사람의 말을 예로 들어, 일단 효용성을 검증 받은 것으로 한다. 그 대신 CTM에서 어떻게 이용되는 지에 초점을 맞춘다.

아인슈타인은 '과학자에게 필요한 것은 지식보다 상상력이다'라고 했다. 인류의 진보에 견인차 역할을 한 것이 상상력이다. 모든 발명이나 발견이 여기서 비롯되었다는 설명이 뒤따랐다. 나폴레옹은 '인류의 미래는 인간의 상상력과 비전에 달려있다'고 말했다. 공상은 현실적이지 못하거나 실현 가능성이 없는 것을 막연히 상상함을 뜻한다. 이것과 확실히 구별해야 한다. 상상력을 통해 어떤 것을 얻으려는 시도를 공상과 같은 시간낭비로 본다면 아예 CTM 시작을 않는 것이 좋다.

시간 낭비가 아니라는 확실한 증거 하나를 더 들어본다. 이스라엘의 최강 부대 '탈피오트(Talpiot)' 이야기다. 세계 최강으로 인정받는 이스라엘 첩보 기관 모사드(Mossad)에도 인력을 공급하는 상급 부대다. 우선 모두가 아는 이스라엘에 대해 몇 가지만 짚어 보고 이어간다. 2000년간 나라 없이 떠돌며 살다가 1948년 팔레스타인 사막 위에 건국한 나라다. 크기는 220만 7천 ha로 세계 150위이고 인구는 859만 명(2018년 현재)으로 세계 100위의 나라다. 그런데 일인당 국민소득은 3만8천 불로 우리나라보다 많다. 노벨상 수상자를 12명이나 배출했다. 또한 이 자그마한 나라가 미국 나스닥에 상장된 해외 기업 80여 개의 주인이다. 우리나라는 2~3개가 고작이다.

이스라엘 정부가 아닌 신생 벤처 기업 스페이스 IL은 2019년 4월 11일 무인 탐사선 "베레시트(히브리어로 창세기라는 뜻)"를 달에 착륙시킬 예정이다. 모두 아는 대로 우리는 아직 인공위성을 궤도에 안착시킬 발사체 기술조차 확보하지 못한 실정이다. 베레시트가 성공할 경우, 세계 최초의 민간 기업 달 착륙 기록이 된다.

이런 것들이 가능한 이유가 바로 탈피오트로 알려져 있다. 미국 나스닥 상장 기업들이나 베레시트의 핵심 멤버들은 대부분 탈피오트 출신들로 포진되어 있다. 이들의 군 복무 기간은 보통 10년 정도다. 물론 누구도 부러워 할 최고의 대우가 주어진다. 그리고 그 후, 이 막강 인력은 그대로 사회의 적재적소에 배치된다.

이 특수부대의 역사는 사실 그렇게 길지 않다. 1973년 10월 6일 4차 중동 전쟁인 '욤 키푸르 전쟁'의 패배를 모티브로 창설된 부대이기 때문이다. 이는 1967년 3차 중동전쟁(일명 6일 전쟁)에서 전 세계를 놀래키며 대승을 거둔 이스라엘이, 6년 만에 무참히 허를 찔려 혹독한 패전의 고배를 마신 전쟁이다.

아주 비싼 대가를 치른 이스라엘이 국가 안위를 위해 창설한 '머리로 싸우는 전사'라는 별칭이 붙은 최고 엘리트 부대가 탈피오트다. 히브리어로 '견고한 산성' 또는 '최고 중의 최고'라는 뜻이라고 한다.

내가 이들에 대한 이야기를 접하게 된 곳은 아이러니하게도 그들의 천적, 사우디아라비아였다. 나는 30대 초에, 모 건설회사 직원으로 사우디에 진출해서 한 7년 간 일한 일이 있었다. 영업 부서에서 일하던 나는 수주 활동이 주 업무여서 사우디의 고위층과 접촉하는 일이 많았다. 그때 비슷한 연령대의 로얄 패밀리들과 친구처럼 지냈던 인연이 근래에 사우디로 공장을 이전하는 계기가 되었다.

공장 이전을 거의 마무리하던 2010년 겨울쯤이었다. 어느 날 왕족인 친구의 궁으로 초대를 받았다. 거기서 만난 사람이 '킹 사우드 대학'의 '하싼 빈 압둘아지즈 빈 알 사우드' 교수였다. 이 사람은 명함에 HRH(His Royal Highness) 와 phD가 붙어있었다. 사우디아라비아의 명문 '킹 사우드 대학(King Saud University)'의 심리학과 교수다.

사우디는 대개 이름을 보면 출신을 짐작할 수 있다. 이 사람의 이름은 누구라도 금방 신분을 알 수 있다. 사우디아라비아 초대 왕, 사우드의 아들 압둘아지즈 왕자의 자손 중 하싼이라는 이름을 가진 사람이라는 뜻이다. 교수라는 호칭을 쓰기도 하지만 왕자라는 호칭도 쓴다. 사우드 왕가의 직계 중 한 명이다. 수백 명이 되는 왕자들 중 한 사람이지만 로얄(Royal)은 직계 왕손에만 붙일 수 있다. 이름 중에 빈(bin) 은 누구누구의 아들이라는 뜻이다.

지금의 왕세자가 모하메드 빈 살만이다. 즉 현 왕인 살만의 아들이고 주어진 이름이 모하메드라는 뜻이다. 현 국왕은 살만 빈 압둘아지즈 빈 알 사우드다. 따라서 하싼 교수는 초대 왕인 사우드 그 다음 왕인 압둘아지즈에서 갈려 나온 후손 중 한 명인 것이다. 현재의 직위 고하를 막론하고 함부로 대할 수 있는 사람은 아니다. 내 친구와도 친척 간이 된다.

짐작이지만 사우디 군대의 방위산업에 관련된 일로 친구를 방문한 것 같았다. 그곳에서 '탈피오트'에 관한 이야기를 듣게 되었다. 너무도 소상이 알고 있는 것을 보면, 아마도 그들을 대비하거나, 따라하려고 벤치마킹 중인 것 같았다. 그때는 나도 CTM의 윤곽을 거의 잡아놓고 실행해 가며 결과를 점검하고 있을 때였다. 그런데 놀랍게도 그들의 초기 훈련 방식이 내 구상의 CTM과 아주 흡사했다.

막 고등학교를 졸업한 최고의 두뇌들을 3년 만에 군사훈련과 더불어 학위를 마치게 하는 프로그램이라고 한다. 그들을 몸이 아닌 '머리로 싸우는 전사'들로 훈련시키는 것이 목적이라는 것이다. 프로그램 중 제일 먼저가 '유연한 사고'의 훈련이라고 했다. "1+1은 2가 아니다." 왜 그런지 이유를 알아오라는 등의 말도 안 되는 미션이 처음 주어진다. 이게 군대이다 보니 반론은 일절 불허된다. 어떤 것이든 답을 기한 내에 찾아와야 한다. 우리 시절 군대 생활도 같았다. 그걸로 밤송이를 까라면 까는 거고, 여군들은 그걸로 침상의 못을 뽑으라면 뽑는 거다.

그러다보니 별 희한한 대답들이 나오게 되고, 그것들을 다시 브레인스토밍으로 모으고 추려 결론을 낸다. 여기서 잠시 '브레인스토밍(Brain Storming)'에 대해 충분히 이해할 필요가 있다. 이것은 미국의 알렉스 오즈번이 고안한 그룹발산기법으로, 창의적인 최종 결과를 도출해 내기 위해 요즘 흔히 사용되는 방법이다. 보통 사람들이지만 집단이라는 다수가 갖는 강점을 살려서 다양한 아이디어를 모은다. 그리고 수집된 아이디어 간에 연쇄반응을 일으켜 최종의 창의적 아이디어를 얻고자 하는 것이다.

탈피오트와 CTM을 이해하는 데 도움이 될 수 있어 좀 더 설명해 본다. 이것의 기본 논리는 매우 간단하다. 즉, '말이 안 되는 생각들을 모아서 말이 되게 하는 것'이라고 정의할 수 있다. 어떤 아이디어를 내더라도 무조건 받아들인다. 그런 다음 각 아이디어에서 파생될 수 있는 연관된 다른 발상으로 이어간다. 옛날 우리 시대의 어른들이 보면 바로 '탁상공론'이다. 그런데 이것으로부터 기대를 훨씬 넘는 아이디어들이 나오는 것이다.

거기에서 나온 발상 중 하나가 일명 '아이언 돔'이다. 90% 대의 요격율을 자랑하는 이스라엘 방공 체제이며 미국 패트리어트 미사일의 기본 구상이다. 이것은 탈피오트 부대가 창설된 지 얼마 되지 않아 나온 생각이다. 브레인스토밍을 통해서라고 들었다.

이집트와 시리아에게 처참하게 패배한 '욤 키푸르' 전쟁 때, 사방에서 예루살렘으로 날아드는 미사일 공격으로 제일 막대한 피해를 입었다. 이걸 앞으로 어떻게 막아야 하는가가 브레인스토밍의 안건이었다. '이스라엘 전체를 5m 두께의 철판으로 덮어 버리자.' 그런데 햇빛이 안 들어오는 문제가 있다. '그러면 투명

철판을 개발하자.' 이런 식으로 진행되어 얻은 것이라 '아이언 돔'이라는 별칭이 생겼다. 말도 안 되는 생각에서 세계 최고의 요격율을 갖춘 미사일 방공망이 탄생된 것이다. 우리나라도 가지고 있는 '사드'나 '패트리어트' 등은 적중율이 50% 미만이라고 알고 있다. 아이언 돔은 90% 대다. 언제 어디서 날아오는 미사일이라도 10개 중 아홉 이상을 격추시켜 피해를 막을 수 있다는 뜻이다.

근래 우리나라에서도 브레인스토밍을 범죄수사 기법에 도입한 사례가 신문에 보도되었다. 2019년 3월 11일 강원지방경찰청 발표다. 청 내의 미제사건 수사전담 팀이 일명 '동해 학습지 여교사 피살사건'을 브레인스토밍으로 재수사에 들어간다는 보도였다. 이 사건은 2006년 3월 8일 강원도 동해시에서 당시 24세 여성이 피살되어 3월 14일 한 우물에서 알몸으로 발견된 사건이다. 13년째 미제 사건으로 남아있다.

재수사를 위해서 당시의 수사팀, 현 전담팀, 과학수사연구소, 동네 인근 주민 등 20여 명이 브레인스토밍을 해서 수사방향을 잡는다는 것이다. 폄하하기로 말하면 바로 '탁상공론'이다. 이유를 묻는 기자들에게 담당관은, 새로운 시각에서의 접근 외에 남아있는 방법이 없다는 것이었다. 기대가 된다.

다른 예 하나를 더 들어 본다. 미국 북동부에서 있었던 일이다. 매년 엄청난 눈이 오는 이 지방은 인구 밀도가 그리 높지 않다. 대부분 산간과 계곡으로 이어져 있고 거주민들의 숫자도 그리 많지 않은 어떤 마을에서 있었던 일이다. 외부로부터 마을에 전기를 공급하는 전선들이 해마다 겨울철 폭설이 내리면 피해를 입었다. 산과 계곡으로 송전탑들이 이어지다보니 도시처럼 촘촘히 세우지를 못했다. 폭설이 내리면 전선에 쌓이는 눈의 무게를 견디지 못하고 끊어지는 사고가 빈번 하는 것이었다.

관계자와 주민들이 대책을 논의하는 자리에 웬 꼬맹이 하나가 한참 듣고 있더니 말했다. "부채로 부쳐서 눈을 털어내면 되잖아." 이걸로 해결할 수 있었다.
지금도 폭설이 오는 때면 헬리콥터 한 대가 전선을 따라 저공 비행을 한다. 이런 것이 브레인스토밍이다.

이 기법은 누가 어떤 바보 같은 아이디어를 내더라도, 반박해서는 안 된다. 우선 받아들여야 한다. 그것이 어떤 기발한 결과로 이어질지 아무도 모르기 때문이다. 4대 원칙이 있다.

①비판엄금(Support)
②자유분방(Silly)
③질보다 양(Speed)
④결합과 개선(Synergy)

이것이 탈피오트 프로그램의 필수 코스라는 것이다. CTM이 유연한 사고를 통해 상상력을 촉발시키는 것과 같은 방법이다. 탈피오트는 이렇게 얻은 결론을 통해 어떤 또 다른 기상천외한 미션이 주어지는 형태가 이어진다는 것이다. 그렇게 첫 번째 훈련을 마친다. 그리고는 훈련 전에 받았던 상상력, 순발력, 기획력, 창의력, 추리력, 예지력 등의 테스트를 다시 받고 결과의 전과 후를 비교해 본다. 누구에게서나 본인들도 놀라는 획기적인 신장을 보인다고 한다. 그들은 몸이 단련된 전사가 아니라 머리와 생각으로 싸우는 전사들인 것이다.

2개 이상의 외국어를 습득해야 하는 언어영역의 수업은 반드시 그 훈련 이후에 실시된다고 한다. 아마도 전혀 생소한 단어를 상상으로 형상화시켜, 의미와 결합하는 연상 기억법 등을 잘 활용하기 위한 수단으로 보인다. '하싼' 교수의 추론이다. 결국 상상력에의 원활한 진입과 강화를 위한 사전 훈련이었던 셈이다.

그리고 그 바탕에서 또 다른 다양한 상상력 강화 훈련이 실시된다. 거기에서 나온 이 조직의 공로나 기여도는 한두 가지가 아니다. 책 한 권 분량은 될 것이다. 그러나 내가 주목했던 부분은 상상력의 훈련 방법이었다. 내가 구상하고 실시했던 것과 거의 똑같았다. 내가 앞으로 설명해 갈 'CTM을 이렇게 활용한다'는 거의 탈피오트의 훈련 방식과 흡사하다.

5) 상상 속 '나만의 장소'를 준비해 둔다

앞에서 언급한 엘렌 랭어 교수의 실험이나 교육 방송 "황혼의 반란"에 쓰인 것과 같은 무대를 만들 필요가 있다. 이곳은 오로지 나만을 위한 것이다. 제3자에 의해 마련된 장소보다 훨씬 더 효과적이다. 여러 사람이 이용하는 곳보다 나만의 사연과 추억이 고스란히 존재하는 곳이기 때문이다.

　이 제목에서 가장 유용하게 쓰일 수 있는 시 한 편을 소개한
다. 내 정서와 비슷한 관계로, 처음 나의 장소를 마련할 때 많이
참조가 되었던 정지용 시인의 「향수」다. 박 인수 교수와 가수 이
동원이 같이 불러 우리에게도 친숙해진 가사다. 중간 중간을 생
략하고 적었다. 그리고 나의, '나만의 장소'도 참고로 공개한다.

　넓은 벌 동쪽 끝으로
　옛 이야기 지줄대는 실개천이 휘돌아 나가고
　얼룩백이 황소가
　해설피 금빛 게으른 울음을 우는 곳

　질화로에 재가 식어지면
　비인 밭에 밤바람 소리 말을 달리고
　엷은 졸음에 겨운 늙으신 아버지가
　짚 베개를 돋아 고이시는 곳

　함부로 쏜 화살을 찾으러

풀섶 이슬에 함추름 휘적시던 곳

전설바다에 춤추는 밤물결 같은
검은 귀밑머리 날리는 어린 누이와
사철 발 벗은 아내가
따가운 햇살을 등에 지고 이삭 줍던 곳

서리 까마귀 우지짖고 지나가는 초라한 지붕
흐릿한 불빛에 돌아앉아 도란도란 거리는 곳

　내 나이 또래 사람들이 누구나 한 번쯤 마음속에 그려보는 고향 풍경이다. 시인의 고향은 충북 옥천이다. 나 역시 충청도 한 구석이 고향이어서 시가 그려낸 풍경이 전혀 새롭지 않다. 나도 고향 마을을 배경으로 나만의 장소를 마련했다. 안내해 본다.

　그리 높지 않은 뒷동산이 있고 앞에는 맑은 냇물이 흐르는 동네다. 냇물엔 피라미, 미꾸라지, 동자개, 쉬리들이 살고 있다. 징검다리가 있고 흰 모래사장이 널찍하다. 내가 다니던 초등학교를 중심으로 마을이 형성되어 있는 곳이다. 가끔 학교종이 땡땡

땡 울리는 소리도 들린다.

  화타 한의원의 솟을 대문도 보인다. 천하의 명의 화타 선생을 잠깐 소개하고 진행한다. 잠시 삼국지로 무대를 옮기자. 내 젊은 시절엔 『삼국지』를 읽은 사람과 말싸움을 하지 말며 셰익스피어를 읽은 사람과 연애 시합을 하지 말라'는 말이 있었다. 고전 중에 고전인 『삼국지』 속으로 화타 선생을 만나러 가본다.

  위나라의 조조와 초나라의 유비 간에 치열한 전투가 있을 때였다. 관우가 독화살을 맞아 팔을 잘라야 할 지경으로 위급하던 때였다. 도무지 방법을 못 찾고 고심하고 있던 중에 화타가 스스로 찾아왔다. 수술해서, 뼈까지 번진 독을 긁어내는 수밖에 없다는 결론이었다. 마취를 할 수 있는 때가 아니어서 화타는 관우를 기둥에 묶고 시술하려고 했지만 관우는 이를 거절했다. 그리고 바둑을 두기 시작했다. 생살을 헤집고 뼈를 긁어내는 고통을 관우는 바둑을 두면서 참아냈다. 결과는 성공적이었다. 무사히 수술을 받은 관우가 팔이 움직여지자 '화타는 천하의 명의'라고 칭송했고 화타는 '관운장은 천하의 명 환자'라는 말로 화답했다고 이야기는 적고 있다. 바로 이 분을 냉큼 모셔

왔다. 그리고 '화타 한의원' 간판을 달아드렸다. 이 분이 내 주치의시다. 유비가 제갈공명을 모시기 위해 했던 것처럼, 나도 이 분을 위해 삼고초려 했음을 묵과하지 마시라.

아담한 기차역도 있다. 급행은 쌩하고 지나가지만 하루에 서너 번 완행열차가 서는 곳이다. 주변에는 포장마차들이 있다. 순경 몇 명과 방범대원들이 근무하는 파출소도 있다. 우리 집에서 골목을 빠져나와 오른쪽 두 번째가 내 소꿉동무 순이네 집이다. 좀 특이한 것은 뒷동산의 이름이 아크로폴리스고 그 위에 파르테논 신전이 있다. 그리고 그곳에는 지금 디오니소스 주신(酒神)이 살고 있다.

여기에 디오니소스 주신이 살고 있도록 하는 것이 전 장에서 언급한 '탈피오트'의 훈련 방법과 동일하다. 상상력은 우선 뻔한 것으로부터의 탈출이다. 다음 요구되는 것이 상상된 **상황과 배경의 세밀함**이다. 그 다음이 마련된 상황과 배경을 **감각으로 체험**하는 것이다. 냇가에 앉아서 발을 담가 보기도 하고 징검다리를 건너보기도 한다.

그리고 이어 오감(五感)인 시각, 청각, 후각, 미각, 촉각 등을 상황에 맞게 적용시켜 실제로 느낄 수 있도록 훈련한다. 가능한 한 실감을 더 한다. 담근 발로 느껴 본 냇물의 차가움, 징검다리를 맨발로 걸어 본 촉감, 폭 좁은 냇물이 졸졸 흐르는 소리, 저녁 무렵 집집마다 저녁 짓는 연기가 퍼지는 구수한 내음 등이다.

그 다음 과정이 설정된 상황과 조건을 **한눈에 내려다보는 습성의 훈련**이다. 조감도를 보는 것과 같다. 요즘 드론을 띄워 동네를 찍었다고 보면 된다. 우선 숲을 보고 그 다음 어떤 나무들로 이루어져 있는지 세세히 보는 것이다. 아마도 이것은 군사목적에도 부합되는 것 같다. 이스라엘 탈피오트들은 누구나 낙하산 훈련을 받는다고 들었다. 그런데 우리의 CTM에도 매우 유용하다. 전체의 개념이 잡히지 않으면 디테일을 살리기가 매우 어렵다. 내 경험이다.

이 동네를 열심히 드나들면서 평생 고질이었던 길치(길눈 어두운 사람)를 벗어났다. 딱히 의도한 것이 아니었는데 어느 날 갑자기 길눈이 터지는 경험을 했다. 뒤에 자세한 경험과 방법을 밝힐 것이다. 나만의 장소를 마련하는 것은 의심할 여지없이 3D가 실감을 더 할 텐데 처음엔 그게 쉽지 않았다. 건물 한 채 세워 놓으면 앞뒤 연결이 어렵고 길과 길의 연결도 수시로 사라지곤 했다. 할 수 없이 지도로 그렸다. 동구에서부터 밖으로 빠져 나가는 마을길을 기억에 따라 그렸다. 그리고 아크로폴리스 동산은 등고선을 그려 넣었다. 파르테논 신전도 네모나게 그려 넣었다. 그리고났더니 냇물의 흐름도 자리를 잡고 징검다리와 삽 다리도 제 위치를 찾게 되었다.

처음엔 미니어처로 아기자기하게 만들어 보려고 했지만 손재주가 따라주질 않아서 포기했다. 그렇지만 가능한 사람은 시도해 볼 것을 권한다. 훨씬 실감을 더할 것이기 때문이다.

지금은 눈만 감으면 구석구석이 훤하다. 어디에 화타 한의원이 있고 대문의 형태와 집의 구조까지 떠올릴 수 있게 되었다. 이 작업을 즐기면서 해주기 바란다. 조금은 연습이 필요하다는 생각에 동의를 구한다. 그리고 기억해 주기 바란다. 지금 내가 열거한 순서들은 몇 가지 군사목적의 다른 훈련을 빼고 나면,

핵심은 거의 '탈피오트 프로그램'과 흡사한 것이다. 그리고 장담 컨대, 만약 당신이 외국어를 배우고 싶으면 여기에서 얻어지는 능력이 한몫을 할 것이다. 이것이 익숙해지면, 아주 생소한 발음이나 생김새 그리고 얼핏 느낌으로 떠오르는 비논리적인 생각들을 즉시 형상화나 의미화 시킬 수 있다. 그리고는 본래 의미와 결합시킬 수 있다. 사실 그 뿐만이 아니다. 그러나 그것으로 인한 창의력의 신장 및 기타 등은 귀하가 직접 느낄 때까지 기다리기로 한다.

CTM을 이렇게 활용한다

우리는 지금까지 실제 CTM을 활용할 준비를 모두 마쳤다. 과학적 근거를 확인해 봤으며 유연한 사고가 왜 필요한지 알아보았다. 무한 긍정의 생활태도가 유지되어야 하며 상상력은 CTM이라는 타임머신의 연료임도 인식했다. 그리고 나만의 장소를 마련했다. 또한 평소 생활에서 '내가 왜?'로 모든 백해무익한 관습적 언어, 사회적 통념, 체념적 조언 및 권유 그리고 자신의 나태 등으로부터 자신을 지키는 법도 납득했다. 이제 실제 사용 예를 들어본다.

1) 기억력과 집중력 증강시키기

내가 제일 필요로 했던 것은 기억력과 집중력이었다. 그러나 내겐 남다른 문제가 있었다. 이건 아무리 어렸을 때로 돌아간 데도 내겐 별로 있어 보이지 않던 것들이다. 시간을 거꾸로 보내는 것만으로는 부족했다. 공개한 어릴 적 참담한 성적표를 보았을 것이다. 어릴 때도 잘 안 되던 것을 50년을 훌쩍 넘긴 시점에서 지금의 20대들과 경쟁하기 위해 필요한 것이다. 당연히 그때보다 훨씬, 아주 훨씬 더 뛰어난 기억력과 집중력이 필요했다. 그걸 얻지 못해 CTM을 증명 못하면 내 대학생활은 별 의미를 갖지 못한다.

성적은 얼버무릴 수가 없다. 이것은 수치로 표시되어 있으며, 상대평가라는 경쟁을 통해서 얻어지는 것이기 때문이다. 교수들에게는 상대평가를 해야 할 의무가 있다. 인원 대비 일정 비율만 A+가 주어진다. 그 몇 자리를 차지하기 위한 경쟁이 치열할 수밖에 없다. 기억력, 집중력, 지구력 등에서 어느 것 하나라도 부족하면 좋은 성적을 받기가 어렵다. 그렇게 얻어진 것이어서 난 이걸 증명이라고 당당히 말할 수 있는 것이다.

나의 대학생활은 내가 20대로 돌아간 상상 속에서 이루어졌다. 다른 만학도 들이 다닌 것과는 다른 의미를 지닌다. '황혼의 반란' 피험자들과 비슷한 맥락이지만 확연히 다른 점이 있다. 그들은 주변 환경을 30년 전으로 꾸며 놓은 것으로 상상력을 촉발시켜 그 시대에 있는 것처럼 느끼도록 했다. 그러나 나는 50년 전에 있었을 법한 사건과 사람들로 채워진 공간 속으로 진입했다. 그곳의 환경에서 자연스레 자극받은 상상력으로 생활한 것이다. 어린 동기생들을 보면서, 그때 있었음직한 사건들을 마주하면서, 지금의 나이가 22세라고 상상할 수 있었던 것이다.

또 다른 차이점도 있다. 방송 참여자들은 인위적인 옛 환경을 접하면서 나이든 몸으로 시간을 거꾸로 돌려 이 시절로 왔다는 개념이다. 몸은 그대로 인데 타임머신을 타고 과거로 돌아간 셈이다. 반면 나는 상상력을 통한 자의에 의해 22세로 돌아간 것이다. 전자는 수동적인 것이고 후자는 능동적인 것이다. 단언컨대 이 차이는 매우 크다.

학교를 같이 다닌 다른 만학도 들과의 차이도 분명하다. 스스로의 의지로 노년에 공부를 시작한 것은 같다. 그러나 그들은 처해진 상황이나 환경에 자신을 적응시켜야 하는 쑥스러움이나 부자연스러움이 있다. 그런데 나는 그렇지 않다. 환경은 내가 하려는 것에 따라 당연히 주어진 것이고 입장은 다른 동기생들과 똑같다는 생각으로 임한 것이다. 내 나이는 지금 스물두 살이기 때문이다.

지금부터 학교생활의 이모저모를 소개할 것이다. 당신이 꼭 따라주었으면 하는 부탁이 있다. 우선의 전제는 당신의 동참이다. 상상력을 통한 참여다. 단, 당신의 20대로, 생각으로, 복장으로 참여해 주기 바란다. 어떤 상황 중간 중간에 굵은 글씨로 당신에게 어떤 생각을 요구할 것이다. 그러면 잠시 그 상상의 공간에서 요청 받은 것에 대해 진지하게 생각해 줄 것을 부탁드린다. 이것은 CTM의 훈련과정이다. 이 책을 전부 읽었다면 논리의 이해와 더불어 최소한의 결과를 직접 체험할 수 있도록 하기 위함이다. 상상력을 통해 22세로 변신한 내가 실제 나이 22세들과 대학생활을 함께 하는 것이다. 거기에 귀하를 위한 숟가락 하나를 더 얹고 싶은 것이다.

과학적 근거를 든 항목을 다시 한 번 상기해 보자. 무의식적이지만 '늙음'을 뜻하는 단어들로 문장을 만든 것과 '대학교수'라는 직업에 대해 연상되는 단어를 적어 본 것만으로도, 신체 활동이나 정신적 기능이 영향을 받은 실험을 기억할 것이다. 당신이 내 경험 속에서 같은 나이로 돌아가, 느끼고 생각하는 시간의 의미가 CTM을 이해하는 데 적지 않은 도움을 줄 것이다.

그리고 내가 요구한 생각을 해 본 다음, 전과 후의 심경 또는 어떤 신체적 변화를 세밀히, 찬찬히 점검해 보면 분명한 차이가 있다. 과학은 재현성이 최우선이다. 어떤 경우는 되고 어떤 경우는 안 된다면 그건 과학이 아니다. 시간과 연관된 당신의 어떤 기능들이나 의지 또는 생각이 분명 어딘가에서 조금이라도 변화되어 있을 것이다. 그런 단초들이 부정적 고정관념이라는 댐을 부숴버리는 작은 구멍이다. 아주 작은 구멍 하나면 결국 아무리 거대한 댐이라도 무너뜨릴 수 있다.

이 장의 제목인 '기억력 증강시키기'를 잠시 잊고 우선 옛날로 돌아가는 과정을 함께 해주길 바란다. 이미 언급 했듯이, 내가 얻어내야 하는 기억력이나 집중력 등은 20대로 돌아가는 것만으로는 부족하기 때문이다. 일단 22세로 돌아간 후에 더 필요한 부분을 얻어낼 생각이었다.

2018년 3월 8일, 집사람이 밀어주는 휠체어를 타고 입학식에 참석했다. 그간의 결심을 실행에 옮기는 첫 날인 셈이다. 웬 휠체어? 사연이 있다. 내가 그간 실천해 온 CTM, 시간 되돌리기 운동을 너무 광신한 나머지 휠체어를 타게 된 지경에 이르게 된 사연이 있다. 나중에 따로 설명한다. CTM으로도 안되는 게 있다는 걸 귀하에게도 알려주어야 하기 때문이다.

생전처음 휠체어를 타고 봄기운 완연한 교정을 지나 대강당에 들어섰다. 설렘과 기대에 부푼 제트 세대(Z Generation)들 3천여 명이 웅성거리며 들어 차 있었다. 거기에 또 한명의 휠체어 탄 제트 세대가 입장했다. 상상의 내 우주선은 그들의 젊은 파도를 비집고 들어갔다. 그리고 편안하게 물결에 몸을 맡길 수 있었다. 이윽고 브라스밴드의 음악이 멎고 사회자가 단상에 섰다. 나보다 조금 아래지만 백발이 어울리는 총장님의 축사와 교수진들의 소개가 끝나고 과별로 교실에 모였다.

한 40여 명 돼 보였다. 의아함과 호기심이 반반씩 섞인 어린 친구들의 말똥말똥한 눈망울과 조금은 당황스럽지만 노련함으로 커버된 담당 교수, 그 시선들의 교차점에 그날 내가 있었다.

지금 내가 무얼 하고 있는 거지? 의문에 연결된 후회가 없었다고는 말할 수 없다. 아니, 솔직해보자. 강의실 문을 밀고 들어설 때는, 이거 내가 미친 거 아닌가 싶은 생각이 들었다. 70대 노인이다. 그것도 마누라가 밀어주는 휠체어를 타고 공부하겠다며, 손자뻘 20대 아이들이 빼곡한 강의실에 들어서는 상상을 해 보시라. 철 들자 망령 난 게 틀림없다 해도 할 말이 없었을 것이다.

쑥스럽고 어색하기로 말하면 당장 뒤도 돌아보지 말고 되돌아나올 일이다. 내가 무슨 얼어 죽을 일이 있다고 이 짓을 해야 하나? 순간 힐긋 돌아 본 마누라가 참 천연덕스럽다. 내가 우긴 것이긴 했지만 그렇다고 휠체어를 밀고 여기까지 온 게 참 존경스러웠다. 당초의 의지와 기대를 당장 뒤엎어 버리고도 싶었다. 하지만 그래도 참을 만 했던 것은, 상상 속에 내가 다른 누구하고도 다를 바 없는 스물두 살이기 때문이었다.

학교 역사상 최고령자가 입학했다는 소리는 들었지만 장애인이라는 소리는 듣지 못했을 지도교수의 눈빛은 예상외로 따뜻했다. 나중에 알았지만 그는 장애인 학생을 맡는 역할도 겸하고 있었다. 제일 먼저 부담을 털어 내야 할 나를 소개했다. 그리고 나 역시 장애자가 절대 아니고 단지 무릎 수술을 받은 끝이며, 곧 회복될 거라고 강조하는 소개를 마치고 끝이 났다.

우리 과의 일원이 된 그대는 휠체어 탄 72세 노인의 등장을 보며 무슨 생각을 했을까? 당연히 20대의 모습으로 그 자리에 있어야 한다. 상상력을 최대한 동원해서 주변 친구들도 느껴보고 교수님의 표정도 그려보는 것이 좋다. 귀여운 동급생들의 발랄한 모습도 그려보고 그들의 패션 감각도 짐작해 보자. 22살인, 난 이미 그 자리에 있었으니 됐고……

미친 꼰대 하나가 웬일? 아! 공부는 50년 쯤 후에 해도 되는 것인가? 이런 일반적인 생각 이외에 가급적 독특한 시각에서 생각해 보기를 권한다. 유연한 사고를 통해 어떤 것이든 남 다른 시각에서 바라보자. 그리고 나만의 의미를 규정해 보자.

처음에 학과를 선택하려고 했을 때, 일어와 영어로 압축시켰었다. 어차피 처음부터 시작할 거라서 유·불리는 별 문제가 아니었다. 처음엔, 그래도 영어는 이런저런 경험이 있으니 이참에 일본어를 해볼까? 어순이 우리말과 같아서 쉽다던데. 그러면 2개 국어 한다고 폼 좀 재 볼 수 있을까? 그러다가, 지금 일본의 방사능이 얼마나 심각한데 거길 가야 할 일을 만드느냐는 마누라 핀잔이 있었다. 듣고 보니 썩 틀린 말도 아니었다. 정보통신과, 물리치료과, 유아교육과, 영상미디어학과 등 스물 대여섯 개 과의 선택 여지도 있었다. 그러나 현재의 내가 그래도 나중에 써 먹을 수 있는 것이 아무래도 영어일 것 같다는 결론이었다.

눈 질끈 감고 모든 서류를 직접 제출했다. 앙금 같은 망설임의 찌꺼기는 이미 엎질러진 물을 부어 말끔히 씻어 버렸다. 목표부터 세웠다. 기왕 영어를 선택했다면 최소한 토익 800점은 넘겨야 어디에 이력서를 들이 밀 기준이 된단다. 내가 써먹을 곳은 없지만 우격다짐 식 고집을 피웠으니 결과로라도 체면은 좀 살려야 했다. 800점 넘기는 것을 목표로 삼았다. CTM이 유일한 믿음이었다. 내가 가장 기억력이 좋았던 시절로 일단 돌아간다. 그러나 그것만으로는 부족하다. 그때 그 짝이 나선 곤란하다. '화타 한의원'의 총명탕을 처방 받을 것이다. 그리고 처음부터 다시 시작하면 된다는 배짱이었다.

그러나 켕기지 않는 바는 아니었다. 더구나 모든 사람들이 말리는 걸 무릅쓴 대학입학이었다. CTM 증명은 나중 순위로 밀려버렸다. 우선은, 내 고집에 대해 결과를 통한 당위성 확보가 절실한 상황이 돼버린 것이다. 2018년 12월에 수술을 받고 한 달 만에 퇴원했다. 그리고 다시 집 근처 일반 병원에서 2주를 더 보낸 뒤에 집으로 돌아올 수 있었다. 물리치료를 위한 기계를 임대해서 치료를 이어가던 중에 대학 입학을 결심하게 되었다.

부상 당해 수술을 받은 지 얼마 되지 않은 몸으로 대학생활을 하겠다고 하자, 주변의 시선은 괴이쩍다 못해 경악에 가까웠다. 72세 된 자가 무릎 수술 받은 지 3개월 만에 목발을 짚고 대학에 입학한다. 휠체어에서 내린 게 며칠 되지도 않았다. 그냥 아무것도 하지 말고 쉬는 것이 제일 좋다. 정 뭣하면 평생교육원이나 노인복지관 프로그램에 가끔 다니는 게 당연하다는 것이다.

난 계획을 설명할 수 없었다. 내가 하려는 과정이 무슨 과학적인 입증을 거친 정기 코스도 아니다. 그리고 모두의 이해 선상에 있지도 않다. 아직 어떤 결과도 없는 상태에서 이러저런 이유를 대기가 난처했다. 슈퍼 시니어라는 별명 하나를 고집의 이유로 내세우기도 어려웠다. CTM이라는 게 어쩌고저쩌고 했더라면 '귀신 씨나락 까먹는 소리'가 될 것이 뻔하다. 그저 '채반이 용수가 되게' 우기는 수밖에 방법이 없었다.

고집을 피우는 결심의 근저에, 시대가 요구하는 노후 준비의 패러다임이 달라져야 한다는, 확고한 생각이 있었기 때문에 가능했다. 그것이 물질적인 것에만 있는 것이 아니라는 확고한 신념이다. 정신적인 것이 더 우선한다고 생각했다. 그리고 내가 찾아낸 방법이 대안일 수 있다고 확신했다. 그것이 누구든 가능하다는 것을 하루 빨리 증명하고 싶었다.

내 연령대에도 100세 수명은 일반적 현상이 될 것으로 보인다. 재수 없으면 150살까지 살지도 모른다. 문제는 어떤 방법이든 정신적으로 문제없는 건강한 삶의 질이다. 경제적인 준비가 필요 없다는 뜻이 아니다. 더 우선되어야 하는 것이 정신적 노후 준비라는 말이다.

그리고 노년의 삶에는 어차피 전과 다른 스트레스를 만난다. 정도에 따라서는 긍정적으로 해석해야 한다고 보았다. 난 노인 복지관에 가는 대신 휠체어에 목발을 짚고라도 언덕을 오르는 선택을 했다. 물론 1년 정도 계획을 늦추어도 되지만 그렇게 하지 않았다.

나는 마음의 우물 속에 늘 '물메기' 몇 마리를 기르고 있다. 일명 "청어의 법칙" 때문이다. 마누라의 지청구를 듣는 첫 번째 원인이다. 웬만한 건 그냥 '쇠귀에 경 읽기'로 일관하는 동력원이다. 때때로 마누라의 조마조마한 심사를 이해하지 못하는 것은 아니다. 그러나 아내의 표현대로 '물가에 내어 놓은 아이'라는 말에 동의하지는 않는다. '벙어리도 다 우는 속'이 있는 법이다.

이 법칙은 영국의 역사학자 아놀드 토인비가 자신의 역사 인식을 설명하는 데 자주 쓰면서 일반화된 개념이다. 청어는 영국인들이 아주 좋아하는 고급 생선이다. 그런데 청어가 잡히는 곳은 북해나 베링 해협 같은 먼 바다였다. 싱싱한 청어는 우리네

같이 회로 먹는다. 당연히 값도 냉동에 비해 월등히 비싸다. 그렇지만 먼 곳에서 운송해 오기 때문에 정작 도착했을 때는 살아있는 놈들이 별로 없었다.

이를 고심하던 어부들이 마침내 묘안을 찾아냈다. 청어를 운반해 오는 수조에 천적인 물메기 몇 마리를 같이 넣어 가지고 오는 방법이다. 천적과 같이 있는 청어들이 잡혀 먹히지 않으려고 늘 바삐 움직이며 긴장을 놓지 않는다. 그것이 그들의 생명을 활기차게 유지시키는 조건이 된 것이다. 이 방법은 열대어를 수입하거나 미꾸라지를 양식할 때도 천적을 같이 풀어 줌으로써 생존율을 높이는 수단으로 활용되고 있다.

나는 인간들도 똑같다고 본다. 적절한 스트레스는 필요한 것이다. 특히 모든 기능들이 전과 같지 않다고 보는 노년에 더욱 절실하다. 우리는 '황혼의 반란' 실험을 통해, 의타심이 생기는 순간 신체 기능이 이에 맞추어 작동하는 사례를 보았다. 의타심은 금물이다. 웬만한 불편은 참는 것이 정신 건강에 좋다고 생각한다. 그리고 이건 시니어들 삶의 질을 어떻게 높일 수 있는지에 대한 도전이다. 또한 내 주변, 사랑하는 사람들을 위한 열정이라고 생각했다. 수술 후에 남은 통증이나 목발의 불편함 정도는 충분히 참아낼 수 있었다.

더구나 내게는 아이언 맨 슈트 같은 '내가, 왜?'도 있다. 그것은 철저한 자신감과 독립심을 씨줄과 날줄 삼아 직조된 갑옷이라고 생각한다. 그리고 이미 철저히 생활화 되어 있다. 내가 고집을 피우지 못할 이유가 없었다. 이것은 모든 언어공해 뿐 아니라 자신에게서 나오는 의존 공해도 막아주는 3음절이다. 내 다리는 아직 많이 아프고 목발은 당연히 불편하다. 하지만 그걸 무릅쓴다는 자부심이 청어를 더 힘껏 헤엄치게 할 수 있다고 믿었다.

입학식 날, 학력 평가를 해서 수업 수준을 맞춘다는 이유로 누구나 무조건 본, 영어 시험에 얻어맞은 뒤통수가 아직도 얼얼하다. 며칠 후 알아 본, 내 점수는 토익 990점 기준으로 겨우 내 신발 사이즈였다. 나름대로 해외를 드나들면서 손짓 발짓 동원된 소위 실전영어를 구사한 것과 시험지에 답을 적어야 하는 것의 차이는 악수 청했다가 귀싸대기 맞은 것만큼 당혹스런 것이었다.

당신이 영어를 전공한 사람이어도 좋고 아니어도 상관없다.
자신의 그 시절 영어 실력은 어느 정도였는지 돌이켜 보자.

영문법 책과 단어집을 사왔다. 그리고 화타 한의원 총명탕을 달여 왔다. 공부 시작 전, 총명탕으로 기억력과 집중력을 높였다. 나는 할 수 있다를 마실 때마다 구호로 삼았다. 영약을 책상 앞에 가져다 두고 커피나 생수에 조금씩 섞어 마시며 책을 펼친다. 첫잔을 쭉 들이켜고 나니 눈이 확 밝아지면서 머리가 맑아지는 것을 느낀다. 한약의 짙은 향이 주변을 감싼다. 가끔 가다 마임으로 음료에 약을 섞어 마신다. 놀라울 만큼 집중할 수 있다. 내 경우 서너 시간이 금방 지나갔다.

누구나 된다. 집중력을 폭발시켜줄 뇌관의 점화가 좀 늦거나 더딜 수는 있다. 왜 이것이 가능한 지 과학적 근거를 충분히 이해했을 것이다. 만약, 약의 효과를 믿지 못하겠다면, 그대는 제시된 과학적 근거를 부정할 수 있는 논리를 찾아내야 한다.

그렇게 문법책과 단어장을 놓고 씨름을 시작한지 2개월여가 지난 5월 중순 경, 학교에서 모의 토익 시험이 있었다. 530점을 받았다. 정식 토익 시험보다는 훨씬 난이도를 낮추어 학생들의 사기 진작 겸 치르는 시험이라고 들었다. 그러거나 말거나 내겐 신통방통한 점수였다. 신발 사이즈에서 거의 두 배가 나왔기 때문이다.

그리고 다시 열심히 단어를 외우다가 여름 방학 직전 5월 27일, 학교하고는 관계가 없는 정식으로 본 토익시험에서 670점을 받았다. 일단 한숨을 돌렸다. 이제 목표에 130점을 남겨두고 있다. 내년이면 문제없이 목표를 달성할 것을 확신한다. 이런 식으로 하면 누구나 가능하다.

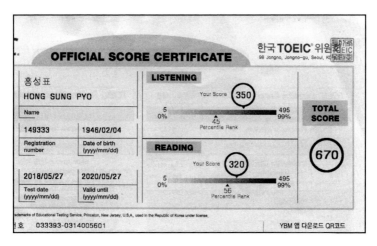

①총명탕을 마셨으니 한 번 본 건 절대 잊지 않는다. 기억력이 엄청나게 향상되었다. 영어 단어 외우는 것이 어렵지 않다. 이렇게 단단히 정신 무장을 한다.

②어떤 단어라도, 발음, 어미와 어두의 구조, 단어 안에 들어 있는 짧은 단어의 다른 의미, 자신이 이미 알고 있는 다른 단어와의 유사성 또는 동질, 동음, 동의성 등을 내 식으로 의미화 한다. 그 의미를 단어의 뜻과 결합시킨다. 그리고 CTM의 주특기인 상상력으로 결합된 것을 마음속에 형상화 시킨다. 이건 사실 연상법이라는 기존 기억법 중의 하나다. 그런 방법을 동원하는 것을 사양할 이유는 없다. 지금은 찬밥 더운밥 가릴 때가 아니다. 몇 십 년의 세월과 단절된 것을 다시 복원시키는 중이다. 가능한 모든 방법을 통해 최선을 다 한다.

③총명탕은 놀라울 정도로 집중력을 높여 준다. 단지 기억력만을 높이는 처방이 아니다. 핀셋으로 영어단어라는 자그마한 보석을 하나씩 둘씩 주워 담는 재미를 붙여 가면 절대 그 시간이 지루하지 않게 된다.

결과는 책 첫 머리에 공개한 내 성적표다. 15개 과목 중 100

점 만점 3개를 포함하여 총 13개 과목에서 A+를 받았고 2과목
은 90점으로 A를 받았다.

A+를 받지 못한 두 개 중, 한 개는 컴퓨터 활용 능력 2급에
해당하는 엑셀이었다. 내가 왜?를 외쳐가며 도전했다. 낯설어도
너무 낯선, 생전처음 접하는 분야였다. 어느 구석에 어떤 기능
을 하는 표시 글이나 기호가 숨어 있는지 알 수가 없었다. 어린
동기생들이야 젖 떼고 만진 스마트폰이고 컴퓨터다. 그들에겐
어떤 그림이나 기호는 상식일 것이다. 그러나 난 머리털 나고 처
음 보는 게 대부분이었다. 솔직히 머리털을 쥐어뜯고 싶을 때가
한두 번이 아니었다. 총명탕으로 버텨냈다.

그러나 다행히 주니어들이 어려워하는 함수도 들어 있었다.
함수는 우선 논리적이다. 공식을 이해하면 되고 그것들을, 필요
한 계산을 위해 적절히 매치시키면 된다. 함수를 배우는 후반부
가 나를 살린 셈이다. 지금도 함수로만 다시 경쟁해 보라면 A+
받을 자신이 있다.

이렇게 과목을 따라잡아 90점을 받아낸 것이라 불만이 없다.

오히려 새로운 도전이 힘들었던 것만큼 많은 것을 얻었다. 컴맹을 면한 것은 물론 컴퓨터와 연결된 사회생활도 무난할 것이다. 내가 이놈을 이해하고 있다는 증거를 아래에 제시해 본다.

컴퓨터는 남성일까? 여성일까?
아내에게 물었더니 생각할 것도 없다며 바로 남성이라고 대답했다. 이유는 이렇단다.

①한동안 워밍업을 시켜야 제대로 작동한다.
②담고 있는 데이터의 양은 엄청나지만 그 원리는 단순하다.
③문제의 해결을 도와주는 역할을 한다고는 하지만, 사용하는 동안 절반 정도는 컴퓨터 자체가 문젯거리를 만든다.
④좀 더 새로운 모델이 나올 때까지 기다리는 것이 더 좋을 뻔했다는 생각을 구입하자마자 매번 하게 된다.

그러나 나는 여성이라는 확신을 가지고 있다. 이유는 이렇다.

①만들어 낸 사람 말고는 아무도 그 내적인 논리를 이해할 수 없다.

②사용자들은 그들끼리 의사소통을 하는 언어를 이해할 수
없다.

③나중에 질책하기 위해, 아무리 작은 실수라도 데이터로 모
두 저장한다.

④손에 넣는 순간부터 월급의 반은 그 부속품을 구입하는 데
지출해야 한다.

이번 과목을 위해 정말 열심히 컴퓨터에 관한 것들을 뒤지다
가 롤프 브레드니히(Rolf Brednich)의 『위트(Wit)』라는 책에서 인용
한 것이다. 이걸 이해할 수 있게 되었으니 컴퓨터 입문은 한 셈
으로 보인다.

나머지 한 과목은 교수의 채점 주관이 많이 작용하는 과목이
었다. 그렇지만 아무래도 내 점수가 90점인 것이 이해되지 않았
다. 중간고사나 기말 시험에서도 별로 틀린 것이 없다고 생각되
었다. 그리고 1년 간 난, 모든 수업에, 단 한 번의 지각, 조퇴, 결
석이 없었다. 메일로 담당 교수에게 이의를 신청했다. 그랬더니
문자로 답이 왔다.

"학기 초, ○○○ 리포트 내셨습니까?"

이걸 받으니 결과가 이해되었다. 이 답신은 누구나 쉽게 두 가지를 유추할 수 있다.

첫째, 교수는 내 리포트를 보지 않았다. 자신의 실수로 보지 못하고 미제출로 여긴 것이다.
둘째, 이 리포트 미제출이 결정적 감점의 원인이었다.

억울했다. 정확히 수업 당일 밤 컴퓨터로 작성하여 이메일로 보냈다. 그런데 이걸 안 받았다고 본 것이다. 누구나 알다시피 이메일은 보낸 날짜와 시간이 정확히 표시되어있다. 거짓말을 할 수가 없는 것이다. 아마도 당일 날 리포트를 제출하는 모범생을 처음 본 것이 원인인지도 모른다.

항의는 당연한 것이었다. 그러나 항의 통화에서, 번복은 불가능하다는 걸 알게 되었다. 어쩔 수 없이 번복하면 교수에게 타격이 될 수 있다는 것도 미루어 짐작할 수 있었다. 정말 필요하다면, 이런 증거들을 들고 총장을 직접 찾아가면 번복이 가능했을 것이다. 교수가 보지 않았다는 확실한 스모킹 건(smoking gun)이 내게 있었으니까.

이미 보냈던 이메일을 다시 보내며 이렇게 썼다.

"이의신청하는 것은 잊기로 했습니다. 다만 사실은 알려드리는 게 맞을 것 같아서 다시 보냅니다."

그 교수가 졸업한 제자들의 일자리 걱정을 하면서 남달리 뛰어 다니는 모습을 본 것으로, 이것과 퉁 치기로 마음먹고 깨끗이 잊기로 했다. 그러나 이 과목 역시 난 A+를 받은 것으로 생각한다. 그리고 이 과목이 아니더라도 이미 화타 한의원 총명탕의 효력은 충분히 증명되었다고 믿는다.

그러나 이 기회에 한 마디만 더 붙이기로 한다. 어쨌거나 나는 1년 동안 어린 동급생들과도, 교수님들과도 같이 보냈다. 사랑스런 동기들의 이야기도 많았으니 교수님들 얘기가 있어도 무방할 것 같다.

아주 아주 오래 전 어느 날, 싱겁기로 소문난 친구 녀석이 내게 물었다.

"개구리와 뱀의 공통점이 뭔지 아냐?"

"동면을 하고 냉혈동물이라는 거지."

"그건 3점짜리고 내가 원하는 건 100점짜리야. 그렇게 밖에 머리가 안 돌아 가냐? 머리는 죽은 다음이 아니고 살아 있을 때 쓰는 거라고 알고 있는데……"

이 자의 정답은 "둘 다 자전거를 못 탄다"는 거였다.

나도 당신에게 문제 하나를 내 본다.

"교수하고 깡패하고 상이점이 뭔지 아시는가?"

물론 답은 위의 질문처럼 무수히 많을 수 있다. 그렇지만 나도 100점짜리를 묻고 있는 거다. 여러 교수님들과 함께한 지난 1년간의 경험에서 비롯된 내 답은 이렇다.

"깡패하고는 타협을 할 수 있지 말입니다."

20대의 당신이라면 이런 사태에 어떻게 대처했을지 생각해 보자.

조금 더 학교 이야기를 이어간다. 교정에 잔디가 융단 같아지고 라일락 향기가 주변을 에워쌌다. 투명한 햇볕이 향기를 휘저으며 꽃들을 피워냈다. 이렇게 계절의 여왕이 강림할 즈음, 영어로 시를 쓰는 공모전이 있었다. 말이 거창한 공모전이지 이건 영어를 전공하는 우리 과 전체 학년의 행사다. 그렇다고 내가 사양할 이유는 없다.

얼마 전까지 일하고 있던, 사우디아라비아 사막에서 끄적거려 둔 걸 동기들의 도움으로 그럴싸한 액자에 넣어 제출했다. 사우디의 사막이 배경이다. 사우디가 많이 달라졌다곤 해도 지독한 더위와 폐쇄적인 사회는 여전했다. 금형과 기계들을 옮기고 숙소를 정하고 1년이 훨씬 넘게 혼자 지냈다. 매사에 법적 수속이나 절차가 느려 터져 합법적으로 집사람을 불러 오는데 1년이 더 걸렸다.

회사일이 끝나면 무슨 할 거리가 없었다. 영화관이 있지도 않고 술집은커녕 파는 곳조차 없다. 그저 실내 운동이나 겨울철 사막 캠핑 정도가 고작이다. 하다못해 맥도널드 가게도 남, 여 주문하고 받는 곳이 다르게 구분되어 있다.

이러던 중 보름달이 둥실 뜬 어느 날, 어렵게 술 한 병을 구했다. 여기서 술은 다른 곳에서 마약을 구하는 정도와 같다. 첩보영화를 방불케 하는 과정을 통해야 하고 그리고 비싼 값을 치러야 한다. 이걸 들고 사막 깊숙한 곳을 찾았다. 새벽녘, 주변에 몰려드는 싸늘한 냉기가 나를 참 외롭게 했었다. 그때 적어 둔 글이다. 사전을 구석구석 뒤져가며 알량한 실력으로 영작한 것이니 등수 안에 들기를 기대한 건 아니었다. 헌데 이게 웬일인가. 1등으로 뽑혔다. 옮겨본다.

달밤

창백한 달빛 아래
난, 너무 외로웠다.
그 밤에……
손나팔로 먼 산을 향해 외쳤다.
그러나 메아리마저 돌아오지 않았다.
할 수 없이,
난, 뒷걸음질로 걸었다.
따라오는 내 그림자와 함께 하려고

그 밤엔······

Moonlight

The pale moonlight made me feel so alone.

the night······

I yelled through cupped hands toward the looming mountain.

But, my call never echoed back.

Only way, I stepped backward to be with my shadow,

the night······

> 당신이 좋아하거나 암송하고 있는 시가 있는지 생각해 보
> 자. 옛 시절에 당신의 가슴을 울리던 시가 있었다면 다시 떠
> 올려보자. 지금 당신의 감수성은 예전과 같은지 달라졌는지
> 비교해 보자.

부상으로 받은 문화 상품권 5만 원을 들고 희희낙락 하며 친구들 몇몇과 막걸리 집으로 향했다. 이게 어찌 액면가만의 가치이랴. 이런 일이 있은 지 얼마 후, 이번에는 전교생을 대상으로 글쓰기 공모전이 있었다. 웬일인지 모두를 제치고 내 글이 1등으로 뽑혔다. 이즈음의 내 생활을 적은 것이어서 옮겨 본다. 정신적 20대로 돌아간 내가 CTM을 어떻게 적용하고 있는지 그대에게도 술자리 한 좌석을 배정한다. 이미 부탁드린 대로, 필히 그대의 20대 옛 모습으로 참석해 주시길 바란다. 전 과정을 무한한 상상력을 통해 끝까지 함께 해 주시길 바란다. 부상으로 문화상품권 20만 원어치 받았으니 그대의 지갑은 털릴 일이 없을 것이다.

제목: 도덕경

내가 교양과목으로 선택한 것은 '대학 실용 한자'이다. 혹, 노령인 내가 가장 학점을 얻기 쉬운 과목으로 여긴 것으로 생각한다면 그건 천만의 말씀이다. 난 군사정권의 암울한 시대에 대부분의 학창 시절을 보낸 사람이다. 정확히 고등학교 1학년 때, 일주일에 한 번씩 있던 한문시간이 여름 방학을 시작하기 전에 없어졌다. 군사정권의 명분은 한글전용 정책이었다. 그 후에 한문을 배운 기억은 없다. 즉 나는 한자에 관한 한 문맹인 셈이다.

거의 모든 신문들이 한글과 한문을 섞어 발행하던 시절에 그나마 신문이라도 읽을 수 있었던 것은 어릴 적 할아버지와 함께 한 몇 년간의 세월 덕분이다. 3대 독자인 나를 어지간히 예뻐하셨던 할아버지는 지금 딱 내 나이에 세상을 뜨셨다. 내가 서너 살 때 할아버지 무릎에서 배운 천자문이 내 모든 교육의 시작이었다. 한자 다섯 자를 외우고 쓰면 큼지막한 눈깔사탕 한 개가 주어지곤 했다. 그

재미에 빠져 한 200자쯤을 떼었을 때 그분은 내 곁을 뜨셨고 그때 나는 한자와도 이별을 하고 말았다. 그 후 오랜 세월이 지나갈 동안 다시는 한자와 접할 일도 관심을 둘 일도 없었다.

주변의 괴이쩍은 시선들과 반신반의의 뜨악한 표정들을 무릅쓰고 ○○○ 대학에 입학한 며칠 후, 수강신청 과목들 중에서 난 한자 강의가 있음을 알았다. 난 망설이지 않았다. 신청 자체만으로도 난 할아버지의 따뜻한 무릎과 가늘게 뜨신 눈가에 어리는 미소를 마음에 맞을 수 있었다. 하늘 천 따지 검을 현 누르 황, 한자 한자에 배인 할아버지와의 추억들이 마치 김장 김치에 켜켜이 배인 양념 맛과 같다. 매주 교양과목이 있는 월요일은 내가 잠시 타임머신을 타는 날이다. 언제나 엉덩이를 투덕거리며 머리를 쓰다듬어 주시던 그 품을 다시 추억할 수 있는 시간이다. 화롯불에 구워주시던 구수한 군밤 냄새도 다시 맡을 수 있고 유난히 커 보였던 눈깔사탕의 달달한 맛을 생각하면 슬며시 침이 고이기도 한다.

며칠 전, 중간고사가 있었다. 216자의 획과 부수가 시험 대상이었다. 맹꽁이 맹 자도 나오고 거북이 구 자도 시험에 나왔다. 확실치는 않지만 아마 난 만점을 받았지 싶다. 가만히 세어보니 마음속에 쟁여 둔 눈깔사탕이 40여 개가 확실하다. 그 범위 내에서 본 시험에 틀릴 일이 없을 것 같기 때문이다. 학점은 한자 5급이면 무난히 딸 수 있지만 난 3,000자 정도의 2급에 도전할 생각이다. 이대로 계속해 나가면 2학기 말까지는 응시 준비가 될 것 같다. 난 사실 객관적인 어떤 자격을 얻으려는 것이 아니다.

꼭 도전해 보고 싶은 책이 한 권 있기 때문이다. 노자가 썼다는 『도덕경』이다. 어릴 적 고향마을에서 세칭 제일 유식한 분이셨던 할아버지는 사서삼경은 물론 지금 봐도 무언지 모를 한서들이 한쪽 벽면을 가득 채울 정도로 많았던 서재를 가지고 계셨다. 그곳이 거실 겸 침실이었다. 그중에서도 문고본 비슷한 책 한 권을 제일 애지중지 하셨다. 그 책이 『도덕경』이다. 그 책을 들고 틈틈이 읽으시며 감탄에 감탄을 연발하시던 모습이 지금도 선하다. 나중에 안 일이지만 할아버지는 임종 시 내게 이 책을 직접 가르치지 못한 것이 오직 남는 한이라는 말씀을 남기셨다고 한다.

한자 수강신청을 하던 날 『노자와 21세기』라는 책을 사왔다. 김용옥 교수가 쓴 책이다. 그간에 숙제처럼 내 뇌리에 남아있던 『도덕경』을 이해하기 위해서였다. 그러나 너무 실망스러웠다. 특히 그의 번역은 한글의 내용 자체를 다시 풀어야 할 만큼 도무지 납득이 가지 않는 것들이었다. 원본을 무시하고 한글로만 썼대도 논리적으로나 문법적으로 해석이 불가한 내용으로 일관돼 있었다.

이런 번역의 내용으로 그리도 한문에 박학하시던 내 조부님이 그렇게 감탄을 연발하셨다고는 도저히 믿기지 않았다. 돌아가시고 난 후 어머니에게 들은 얘기로 나를 무릎에 앉히고 감탄 섞인 어조로 어린 내가 알아듣던 못 알아듣던 틈틈이 말을 거시며 읽으시던 그 책이 『도덕경』이라는 것을 알게 되었다. 다른 번역을 찾던 중, 이경숙 작가가 쓴 『노자를 웃긴 남자』를 읽게 되었다. 이 책은 김용옥 교수의 번역이 터무니없다는 것을 파헤치고 다른 번역을 내놓고 있었다. 전보다는 훨씬 더 이해가 갔지만 그것역시 무릎을 칠만한 것은 아니었다. 평소에 남 앞에 서기조차 꺼려하셨다던 조부님이 철모르는 손자를 데리고 감탄 섞어 읽어 주셨을 만한 내용은 결코 찾을 수 없었다. 유언처럼 하셨다던 직접 당신이 못 전해준 것들이 못내아쉬웠을 수 있겠다는 내용들도 짐작이 되지 않았다.

방법은 내가 직접 도전해 볼 수밖에 없는 것 같았다. 다행히 내가 수강하는 『한자와 생활문화』라는 교재는 직접 집필하신 이학주 교수님이 강의를 맡고 있다. 자체는 물론 문장을 읽는 다양한 방법들이 수록되어 있다. 띄어쓰기가 전혀 없고 기타 부호들이 전무한 한자는 뜻을 이해하기가 쉽지 않다. 그래서 나 같은 좀 특별한 사연이 없다면 너무 지루할 수도 있다. 그러나 '대동강물이 언제나 다 마를 것인가에 강변에서 이별하는 연인들의 눈물이 더해지니 결코 마르는 일이 없을 것'이라는 등의 재미있는 예들을 적절히 섞어가며 강의해 주시는 이 교수님의 구수한 입담에 강의실 분위기는 언제나 진지하다.

우리 과에서는 교양과목으로 한자를 듣는 사람이 딱 두 사람이다. 처음 강의실에서 반갑게 인사를 하던 예슬이는 별명이 관광영어과의 '과외선생님'이다. 영어에 관한 한 모르는 게 없고 전액 장학금으로 입학한 요 자그마한 숙녀는 보통내기가 아니다. 어느 과목이던 만점을 못 받으면 그 스트레스로 소화불량이 올 정도다. 우연히 한자 강의실에서 만난 우리는 토익 스터디그룹 멤버이기도 하다. 금년 말경 학교 수업과 상관없이 같이 도전하기로 한 800점대 토익과 학년 말에 한자 2급을 같이 따기로 한 내 좋은 라이벌이다.

사실 영어는 내가 좀 딸린다. 오랜만에 다시 펴든 문법에선 당연히 내가 밀리고 대신 많이 앞서는 사회경험에선 내가 우위라고 생각되어 서로 간 공평한 입장의 대결(?)로 생각한다. 하지만 솔직히 고백하면 난 지금 예슬이에게 좀 틀리고 있는 중이다. 로빈슨 교수 시험에 1개, Y 교수 과목에서 2개 틀렸다. 아무 소리 없는 걸 보면 이 친구는 만점을 받은 게 틀림없어 보였다. 그러다가 채점된 시험지를 나누어주고 다시 복습하는 기회를 가진 로빈슨 교수 시간에 이 친구도 한 개가 틀렸다는 사실이 밝혀졌다. 상기된 얼굴로 점심 먹은 게 소화가 안 된다며 씨근거렸다. 이러저러한 말들로 위로해줬더니 겨우 마음을 다 잡고는 앞으로 절대 자만하지 않겠다는 다짐을 하면서 그날 나머지 수업들을 마쳤다.

며칠 후 한자 시험이 있던 날, 만만히 봤다가 한두 개를 놓친 게 분명한 예슬이는 또 한 번 온종일 속이 상해 있었다. 그러나 역시 결말은 자신을 다짐하는 반성으로 마무리 되었다. 왜 이 친구의 성적이 뛰어난지 설명해 주는 대목이다. 우리 한자 강의실은 한 25명 정도가 된다. 타 강의에 비해 그렇게 인기도가 높은 것은 아니라는 뜻이다. 예슬이에게 물었다. 어떻게 보면 시대에 뒤떨어지는(?) 과목쯤으로 여겨질 수 있는 데 많은 과목들 중에서 매사에 빈틈이 없는 이 친구가 이걸 선택한 이유가 참 궁금해서다. 대답은 간단했다. 언젠가 남에게 뭔가 가르칠 수 있는 입장이 되면 칠판에 달필로 거침없이 한문 판서를 할 수 있기 위해서란다. 누군가 강의를 할 때, 위에서 아래로 능숙하게 내려쓰는 한자 판서를 보면 그 강사가 그렇게 멋있게 보일 수가 없더라는 것이다. 그건 나 역시 마찬가지다.

내 여사친 예슬이를 그대에게 소개했다. 옛날 그대의 여자 친구나 남자 친구들을 떠올려보자. 그 중에 한 여사친 또는 남사친과 결혼했더라면 지금보다 더 행복했을까 아닐까를 생각해 보자. 이유도 곰곰이 생각해 보자. 그때로 돌아가서 다시 결정해 보자. 어떤 과정을 거쳐 상대를 설득할지도 생각해 보자.

난 할아버지 품 안에서 도덕경에 대해 배울 좋은 기회를 놓쳤다. 어떤 내용인지 아직도 모른다. 더 모르는 것은 왜 당신이 가장 사랑하는 손자에게 꼭 가르쳐 주어야 하는 것으로 그 책이 선택 되었는 지다. 모든 번역자들이 한결같이 그걸 읽고 감동을 받았다는 말을 썼지만 난 그들의 번역 어디에서도 과연 그렇겠구나 하는 비범한 내용을 아직 발견하지 못했다. 아무것에도 물들지 않았던 어린 내 눈을 통해 확고하게 전달된 할아버지의 감탄 속에 숨어 살아있는 '무언지 모르지만 정말 특별한' 것들이 들어 있는 책이라는 확신만 있을 뿐이다.

난 결코 서두르지 않을 것이다. 뜻이 세워졌으니 자연히 길은 나 있는 셈이다. 느리더라도 쉬지 않고 가면 언젠가 원하는 곳에 다다를 수 있을 것이다. 더구나 내게는 이 길에 함께하는 좋은 친구들이 많다. 모든 결과를 자신의 탓으로 돌리고 다시 정진하는 예슬이, 내년 봄에는 어떤 일이 있어도 무조건 영국 런던으로 유학 떠날 준비를 철저히 진행 중인 2학년 선배 지훈이, 군복무를 마치고 새로 영어를 시작했지만 자신의 실력에 전혀 개의치 않고 정말 열심인 명선이, 성환이, 준영이 그리고 캐나다로 진출하려고 나와 함께 원어민 중급반에서 열심인 재원이, 세인이. 놀 때는 확실하게 놀지만 언제나 당당한 석주, 8월 입대를 앞두고 있지만 전혀 게으르지 않는 윤석이, 청평에서 매일 통학하지만 영어실력이 출중한 승혁이, 컴퓨터 작업이 어려운 내게 기꺼이 내 시와 사진으로 과제물을 만들어 준, 영경이, 지환이 그리고 조별 과제를 함께 수행할 때 여러모로 나를 배려해 주는 친구들 애신이, 승빈이, 은선이, 수빈이, 우리 과의 철학자 현창이, 언제나 배꼽인사가 몸에 배인 주연이, 모두들 정말 사랑스런 친구들이다. 난 이 친구들과의 동행이 자랑스럽고 행복하다.

가끔 갖는 막걸리 파티에서 우린 술친구가 되기도 한다. 요즘 이런 말을 우리 친구들이 알아들을까만 예전엔 이런 말들이 있었다. 객지 벗은 10년이고 노름 벗은 30년 그리고 술벗은 50년이라고 했다. 그런 경우에 허용되는 나이 차이를 이르는 말이다. 그렇다 우리는 술벗이기도 하다. 조별 과제들을 마무리 지은 날 우리는 '맛깔 나는 집'에 자주 모인다. 주인아저씨가 직접 담근 막걸리가 일미다.

꽉꽉 주전자를 채우라고 직접 퍼다 먹는 것이 이 집의 관례다. 주전자 주둥이까지 찰랑찰랑 채워 오는 데는 지훈이가 도사다. 막걸리에 잠기는 날 우리들의 대화는 그 장르의 다양성이 시대를 넘나든다.

> 지금 이 자리에 있는 그대의 주량은 어느 정도일까? 그 시절 그대의 술자리 추억을 떠올려 보자. 아쉬웠던 점과 후회스러운 점도 하나하나 생각해 보자. 지금의 당신이 그때로 돌아간다면 어떤 마무리를 했을지 생각해 보자.

내가 그들과 같은 나이였을 때 한 선배로부터 문제 하나를 받았다. 풀어오면 상을 받을 수 있는 현상퀴즈 같은 것이었다. 이 문제는 내가 3일을 고심한 끝에 풀어서 당시로는 귀한 음식이었던 삼계탕을 얻어먹었던 기억이 있다. 그 무렵 일본 동경제대의 입학시험에 나온 문제였다. 수학문제지만 수학의 깊은 지식보다는 창의력이 있어야 풀 수 있는 문제다. 나도 똑같이 이 문제를 주고 시간을 주었다. 풀어오면 일인분 25,000원짜리 양 갈비가 맛있는 집에서 와인을 곁들여 내가 쏠 것이고 기간 내에 못 풀면 당연히 그 반대다. (재미로 이 글 끝에 실제 문제를 귀하에게도 내어 본다.)

이번에 받은 조별 과제는 각 과목마다 다르다. 학술제에는 maroons5의 payphone을 불러야 하고, 로빈슨 교수에게는 5분짜리 영어 비디오를 찍어가야 한다. 조원들과 카누를 동원해서 상고대를 배경으로 찍었다. 이 영상에는 드론까지 동원되었다. payphone은 음역대가 지금 내 것보다 2옥타브가 요구되어 할 수 없이 나는 다른 장르로 갈 수밖에 없었다. 그러니 자연 우리의 화제는 다양하고 종종 시대를 초월할 수밖에 없다.

난 왜 교수님들이 성적의 30% 정도를 팀으로 엮어 시행하는지 확실히 이해하고 있다. 어떤 과제든 팀원들 간의 실력 차가 있기 마련이다. 그 과정을 서로 극복해 가면서 성적보다 훨씬 더 큰 것을 제자들이 얻을 수 있기 때문이다. 사실 예슬이는 팀 과제로 받는 성적이 불만스러울 수도 있다. 그러나 그 의도를 금세 눈치 채고 적극적으로 참여하는 내 어린 친구의 폭풍 성장을 지켜보는 것이 정말 행복하다.

대학에서 인문학이 아예 자취를 감추고 취업을 목표로 한 과목들만이 필수로 자리 잡은 현실이 난 많이 실망스럽다. 누가 뭐래도 대학은 학문의 전당이어야지 취업을 위한 기능인 양성소가 돼서는 안 된다고 믿고 있다. 교육의 백년대계는 지상 어느 민족에게나 해당된다. 현실을 핑계로 한 현재의 정책들이 백년 후에 어떤 부메랑이 되어 나타날지 걱정스럽다. 누가 내게 물어 준다면 '필수 과목을 줄이고 인문학을 자유 선택 교양 과목으로 대폭 늘려 달라'이게 내 대안이다. 인성의 기초 위에 쌓아진 실력만이 사회에 공헌할 수 있다고 생각한다. 이런 내 생각이나 주장이 시대의 패러다임에 역행하는 것일 수도 있고 현실을 무시한 이상론이라는 비난을 받을 수도 있다. 그렇다. 그럴 수도 있다. 하지만 내 생각은 좀 다르다.

산 같은 고래는 둥둥 떠내려가고 한 치 피라미는 물결을 거슬러 올라간다. 하나는 죽었고 하나는 살았기 때문이다. 난 태평양의 조류에 떠내려가는 고래보다 ○○○○ 대학이라는 맑고 좁은 강물을 거슬러 올라가는 한 마리 피라미이고 싶다.

〈위에 친구들에게 준 문제〉

어느 왕이 신하들에게 각각 금 1kg씩을 주고 10g짜리 금화를 만들어 오라고 명령했다. 그런데 그중 한 명이 9g짜리를 만들어 왕의 금을 떼어먹었다는 믿을만한 첩보를 입수했다. 모두가 100개씩의 금화를 가지고 온 날, 왕은 저울을 딱 한 번 사용해서 범인을 찾아냈다. 어떻게 한 것일까?

그대도 도전해 보기 바란다. 단, 그 시절에는 구글이 없었다. CTM을 충분히 연습해 보고 그리고 그 나이로, 그때의 생각으로 풀어 볼 것을 권한다. 맞추면 어쩔거냐고? 술 산다.

이렇게 지지고 볶고 하다 보니 어느새 어린 동기들과의 생활이 1년에 다가 간다. 이제는 무슨 적당한 핑계가 있으면 한잔 하자고 먼저 청하는 녀석들도 생겼다. 어느 날 밤, 한 11시쯤이었다. 갑자기 한 녀석이 전화를 걸어왔다. 응대를 했더니 우선 울기부터 하는 거였다. 깜짝 놀랐다. 무슨 일이 있어도 단단히 있는 것 같았다. 바로 좇아 나가야 할 일 같아서 캐 물어보니 "형님! 여자 친구가 이제 그만 만나잡니다."

실연을 당한 것이다. 사실 이 녀석은 내년에 영국 유학을 열심히 준비하던 중이었다. 어쩐지 근래에 좀 수상쩍은 태도를 보여 나무래 준 일이 있었는데 이제 사연을 알 것 같았다. 난 밤늦게 받은 전화가 전혀 언짢지 않았다. 그 시간에 자신의 실연을 하소연 할 상대로 나를 골랐다는 사실 때문이다. 내 22살 CTM은 순항 중인 것이 확실했다.

2) 지구력 향상시키기

나만의 마을에 자주 드나들면 여러 가지 신체 기능에 변화가 나타나기 시작한다. 딱히 어떤 목표를 세우지 않은 것도 그렇다.

내가 제일 먼저 느낀 건 지구력과 유연성이었다. 보통은 아침 9시부터 수업을 시작해서 오후 4시경에 끝난다. 그러나 어린 동기들과 과제물을 함께 하거나 스터디 그룹 일원으로 방과 후 도서관에서 시간을 보내면 학교에 있는 시간이 9시간에서 10시간 정도가 될 때도 많다. 특히 토익 시험을 앞두고는 거의 그렇게 지냈다. 그렇지만 체력에 문제를 느끼지는 않았다.

제목을 '지구력 향상시키기'로 달았지만 특별한 방법이 있었던 건 아니었다. 이건 드나들다 보니 자연스럽게 얻어진 것이다. 그 밖에도 알게 모르게 어떤 것들이 변화했으리라 짐작은 되지만 뭐가 어떻게 바뀐 것인지는 잘 모른다. 시간을 거꾸로 돌려 현재의 나를 그때의 나로 바꾼 것뿐이다. 굳이 부작용이라면, 정신연령도 역시 돌아가는 것인지, 마누라와 주변으로부터 철이 안 들었다는 핀잔을 듣기도 한다.

3) 감수성 높이기

감수성을 유지하기 위해 내가 쓰고 있는 방법은 좋은 시(詩)의

활용이다. CTM에 맞는 시를 찾기 위해 가끔 책방이나 도서관에 들를 때는 꼭 시집들을 찾는다. 다른 방법도 있겠지만 나는 이 방법이 너무 좋아서 고수하고 있다. 당신은 다른 더 좋은 방법을 찾아도 좋다. 그러나 내 것에 동의한다면 시행하는 디테일에 주목해 주길 바란다. 나는 아예 거실에 이를 위한 무대 장치를 해 놓았다. 꼭 이 목적을 위한 것은 아니었다. 어쩌다보니 도랑치고 가재 잡은 격이 되었다. 아니 요즘 말로 바꾸자. 이건 옛날 낙원에서나 쓰던 말이다. 요즘 우리나라 어디에도 도랑에 가재가 사는 곳은 없을 것 같다. 눈 치우다 동전 주웠다라고 하면 되나? 계속해서 사연을 옮겨 본다.

2010년에 공장을 사우디아라비아로 옮겼다. 중국 놈들이 하도 우리 회사 제품을 복제해서 싼 값에 덤핑을 하는 바람에 10여 년 개척해 놓은 중동 수출이 타격을 입었다. 회사 매출에 반 이상을 점유하고 있던 시장이었다. 현재 실세이며 로얄 패밀리인 친구의 권유를 받아들였다. 내가 옮기기만 하면 짝퉁 팔던 놈들을 즉시 잡아 가두겠다는 언질을 받은 후의 결심이었다. 두 놈 잡아넣었다.

그 후 한국에서 생활은 사우디의 라마단(이슬람교의 금식월) 기간인 여름 휴가철 2개월 정도가 고작이었다. 거의 10개월여를 집을 비워놓게 되었다. 특히 집사람이 내게 오는 때는 정말 아무도 없는 빈 집이었다. 굳이 두 사람이 복닥거리는 도시에 집을 가지고 있을 이유가 전혀 없었다. 공기 좋고 물 맑은 곳을 찾아 옮기기로 했다. 그러던 중 춘천에서 소양강 변에 딱 붙은 오래된 아파트를 발견했다. 너무나 마음에 들었다. 강쪽으로 난 베란다를 다 뜯어내고 통짜 유리창으로 마감했다. 그렇게 우리식으로 수리를 마치고 춘천으로 이사했다. 언제라도 소양강과 소양2교가 거실에 들어와 있다. 밤이면 다리와 뒤로 보이는 춘천 시내 야경이 내게 손을 흔든다. 요즘 엥겔계수보다 음주계수가 더 높은 이유다.

보름달이 둥실 하늘과 강물에 떠 있는 날이면 이곳으로 옮긴 결정을 집사람과 서로 공치사하기 바쁘다. 이런 날은 어김없이 와인이 준비된다. 달이 휘영한 강변(moon river)을 끼고 기차가 칙칙폭폭(7788) 고향 역을 향해 달려가기 때문이다. 내가 쓰고 있는 이메일을 moonriver7788로 만든 이유다. 기차는 흰 연기를 길게 내뿜으며 기적소리와 함께 역두에 들어선다. 그리고 이렇게 이어진다.

사람들은
행선지가 확실한 티켓을 들고
부지런히 역구를 빠져나가고
또 들어오고
이별과 만남의 격정으로
눈물 짓는데
방금 도착한 저 열차는
먼 남쪽 푸른 바닷가에서 온
완행
실어 온 동백꽃잎들을
축제처럼 역두에 뿌리고 떠난다.
나도 과거로 가는 차표를 끊고
저 열차를 타면
어제의 어제를 달려서
잃어버린 사랑을 만날 수 있을까.
그리운 이 그리워
문득 타보는 완행열차
그 차창에 어리는 봄날의 우수

오세영 시인의 「그리운 이 그리워」 중 일부다. 이 열차는 시간여행이 가능하기도 하고 은하철도 999가 되기도 한다. 모든 것은 상상력으로 가능하다. 가급적 오감으로 느끼며 마임(무언극)으로 실제 행동하는 것처럼 해 주면 더욱 좋다. 먼저 준비하는 과정에서 설명한대로 구체적인 그림을 마음속에 그리는 것이 중요하다.

나는 시와 함께 '나만의 장소'로 기차를 타고 간다. 기차는 머리에 굴뚝이 달린 까만색으로 내 시절의 것이다. 열차번호도 보인다. 777호다. 조금 심심할 때는 친구와 동행하기도 한다. 친구에게 지금 내가 처한 상황을 설명하며 조언도 구한다. 오래 전에 술 때문에 세상을 떠난 친구지만 내가 부르면 언제나 달려온다. 오징어와 땅콩을 팔던 '홍익회' 사람들도 이젠 낯이 익어 인사를 나눈다. 인사를 주고받는 덕에 소주와 곁들인 오징어도 더 큰 놈으로 골라준다. 시가 마련해준 공간 속으로 풍덩 뛰어들고 본다.

시를 감상한다는 것은 시인의 감성을 공유한다는 뜻이다. 그 점에서는 같지만 CTM 식으로 감상하면 어떻게 다른지 설명해 본다. '그리운 이 그리워'를 예로 든다. CTM 감상법이라고 이름을 붙여 볼 수도 있겠다. 이런 점들이 다르다.

①화자의 인칭이 다르다.
②시를 만나는 위치가 다르다.
③시와 오감으로 만난다.

①화자의 인칭이 다르다. 이 시에서 화자는 3인칭이다. '만남과 이별의 격정'으로 눈물짓는 사람들과 동백꽃 잎을 축제처럼 뿌리고 떠나는 열차를 보며 '나도 과거로 갈 수 있을까' 감상에 젖는다. 그런데 CTM은 1인칭이다. 만남과 이별의 격정으로 눈물 짓는 사람이 바로 나다. 2인칭은 당연히 과거의 누군가일 수도 있고 현재의 누군가여도 좋다.

여기서 중요한 사람이 2인칭이다. '탈피오트' 식이 바람직하다. 여기서 내 상대는 근래 영화에서 본 '스칼렛 요한슨'이다. 왜? 마누라 눈치 보여서? 걱정할 것 없다. 그대의 입만 닫으면 비밀은 평생 유지된다. 또 왜? 늙은 말은 콩 싫어하는 줄 알았다고? 글쎄…… 물론 추억을 공유했던 과거의 누구라도 좋지만 꼭 그럴 필요는 없다. 누구든 당신이 선택할 권리가 있다. 그리고 CTM 과 와인의 좋은 공통점도 잊지 마시라. 언제나 같은 와인을 마시지 않아도 된다는 점이다.

②시를 만나는 위치가 다르다. 나는 역의 플랫 홈에서, 기차 안에서 만난다. 그 시절로, 그 나이로 돌아가 본다. 안에는 친구도 있고 홍익회 아저씨들도 있다. 내 20대에는 통행금지라는 제도가 있었다. 지금 내 동기들은 아마도 상상이 되지 않을 것이 틀림없다. 밤 12시가 되면 일체의 야간 활동이나 통행이 불가했던 시절이 있었다. 통행금지 시간을 알리는 사이렌이 울리면 도시는 갑자기 적막에 잠긴다. 대부분 그 전에 알아서 귀가 하거나 하던 일을 접었기 때문이다. 그때부터는 파출소 순경들이나 방범대 아저씨들의 세상이다. 새벽 4시까지 국으로 아무데나 들어박혀 있어야 한다. 걸리면 즉시 파출소 유치장 행이다.

우리 같은 술꾼들이 제일 문제였다. 11시쯤 넘어 한창 술맛이 입에 착착 감길 때인데 시계는 부득부득 12시를 향해 가고 있다. 이럴 때 유일한 방법이 있다. 야간열차를 타는 것이다. 일단 역 근처로 옮긴다. 대합실에서 넉넉히 챙겨간 소주를 까며 2차

를 하는 것이다. 그때는 새벽 2시, 3시에 다니는 열차들이 많았
다. 당시의 유행가에 나오는 '대전 발 0시 50분'이 실제로 있었
다. 즉, 새벽 1시경에 대전을 출발해서 목포로 가는 완행열차의
사연이 가사의 내용이다. 순경들이 와서 직신거리면 열차를 기
다리는 것이 되고, 별 말 없으면 새벽 4시까지 우리들의 합법적
음주 공간이 된다.

내일 일에 지장이 없거나 쉬는 날이면 아무 열차나 타고 본
다. 내킬 때까지 홍익회 소주를 축내다가 어느 간이역에서 내려
되돌아오는 차를 타면 된다. 열차에서 내리면 어떤 시간에도 통
금에 문제가 없다. 야간열차에서 내린 증명으로 역무원이 손등
이나 팔목에 고무도장을 찍어 주기 때문이다.

어느 날 친구와 둘이서 이 도장을 아예 슬쩍 하기로 마음먹었
다. 한 10시쯤 역에 들어가서 한 사람이 도장 관리자에게 쓸데
없는 설레발을 치고 그 틈에 슬쩍 업어 왔다. 이걸 가지고 있으
니 만고에 암행어사 마패 같았다. 아무데서나 마시다가 시간이
될 성 싶으면 손등이나 팔에 도장 한 방 찍으면 끝이다. 이렇게
시에 나오는 역과 그 근처가 CTM의 무대가 된다. 보름달이 뜬

날 거실에서 바라보는 강변으로 긴 연기를 끌며 나를 태운 기차가 수시로 달려가곤 한다.

③시와 오감으로 만난다. 짐작했겠지만 감성을 풍부하게 만든다는 절차가 곧 CTM이다. 시가 제공하는 공간에 빠지되 그곳에서 이루어지는 일들은 내 과거 시절이다. 디테일이 생명임을 강조한다. 소주를 마실 때, 톡 쏘며 목을 넘긴 순간, 카~ 소리가 절로 나와야 한다. 사실 그때 소주는 요새 것같이 닝닝한 맛이 아니었다. 30도짜리 소주가 찌릿하며 목구멍을 넘어갈 때는, 주사 맞기 전, 찰싹 맨살 엉덩이를 얻어 맞았달까? 뜨거운 구슬 하나가 잔 속에 있다가 꼴깍 목을 넘어 아래 배로 이리저리 굴러내려 가는 것 같았다. 그 시절, 든든하게 마패를 차고 거리에 나서면 무서운 게 없었다. 그곳으로 돌아가는 것이다. 시 한 편에 이 모든 것들이 들어 있는 셈이다.

이장에서 가장 중요한 디테일을 좀 더 설명해 본다. CTM 구석구석에서, 가능하면 더 많이, 더 실감나게 상상하는 연습이 효과적이다. 이런 식으로 버릇이 들면 효과는 나도 모르게 스스로 찾아온다. 그리고 자신이 직접 효과를 느끼게 된다. 탈피오트 식인, 가능한 한 오감으로 느껴볼 것을 권한다. 먼저 나만의 장소를 만들 때 예를 들었던 정지용 시인의 「향수」를 다시 살펴보자. 운용의 디테일이다.

"전설바다에 춤추는 밤물결 같이 까만 귀밑머리 날리는 어린 누이"라고 했다. 여기서 유추하여 내가 그리는 그림은 이렇다. 우선 여자아이는 학교 가기 전의 나이다. 단발머리가 아닌 것으로 알 수 있다. 적당히 뒤로 묶었을 것이다. 그래야 귀밑머리가 바람에 날릴 수 있다. 그러니 아마 6~7세의 아이다.

흰 저고리에 깜장 치마를 입고 고무신을 신었다. 얼굴에는 몇 개의 주근깨가 있고 마른 버짐도 조금 보인다. 그러나 눈망울이 초롱초롱하다. 아마도 손위 오빠와 껌딱지처럼 붙어 다니고 싶어 할 것이다. 이런 동요가 있었다. "산딸기 있는 곳엔 뱀이 있다고 오빠는 말하지만 나는 안 속아. 오빠 따라 산딸기 따러 갈 테야." 딱 이 노래에 나오는 아이다. 이걸 데리고 가자니 귀찮기 짝이 없고, 마구잡이로 대하자니 부모님께 까바치면 곤란한 것들도 알고 있다. 제풀에 안 따라나서면 제일인데 아무리 뱀으로 공갈을 쳐도 영악하기 짝이 없는 어린누이는 속아 주질 않는다.

특별한 놀이기구나 아이들을 위한 공간이 전무하던 때였다. 같이 어울려 학교에 가는 것도, 형이나 누나를 따라다니는 것도 일종의 놀이였던 것 같다. 내가 동무들이랑 냇가에 헤엄을 치고 놀던 때, 형들은 고기를 잡았다. 능숙하게 어항이나 족대로 고기를 잡는 형들은 영웅이었다. 우리가 고기를 잡을 수 있어지면 형들은 매운탕을 끓이고 있었다. 우리가 매운탕을 끓일 수 있게 되면 형들은 술을 마시고 있었다. 우리들이 술을 배우기 시작할 때면 형들은 연애편지를 쓰고 있었다. 한번 영웅은 그렇게 영원히 변하지 않는다.

여기에 나오는 사람들이 꼭, 시인의 피붙이라고 보지는 않는다. 그 시절의 보통 사람들이다. 사철 발 벗은 아내도 그렇고 어린누이 역시 그럴 것이다.

'늙으신 아버지가 짚베개를 돋아 고이시는 곳'에서는 조금 퀴퀴한 냄새가 나는 사랑방 정도를 연상한다. 짚베개와 질화로로 상징되는 가족의 생활수준은 당시의 평균이다. 배곯지 않는 것이 우선되는 삶이다. 짚으로 만든 베개는 좀 베고 있으면 납작해진다. 그러면 옆으로 돌려 다시 제 높이로 돋아 고인다는 말이다.

"따가운 햇살을 등에 지고 이삭 줍던 곳", 요즈음 30~40대들은 이삭이 무엇인지 모르는 사람이 적지 않을 것이다. 곡식 자체가 귀하던 시절, 추수 후 이삭줍기는 수확량을 늘리는 한 방법이었고, 좀 여유가 있는 집에서는 형편이 어려운 이웃에게 베푸는 아량이기도 했었다.

이런 설정과 함께 시에 빠져든다. 그러면 어린 누이의 손을 잡고 산딸기를 따러 간다. 어린 누이의 자그마한 손의 감촉도 느껴본다. 잡은 손을 앞뒤로 흔들며 신이 난 녀석의 표정도 살펴본다. 아내의 이삭 줍기를 도와주기도 한다. 내게는 돌아가며 이렇게 감상하는 시들이 한 20여 편 있다. 내 감성은 아직 녹슬지 않았음을 확신한다. 그대에게도 이런 식의 디테일을 권한다.

늙는다는 정의는 여러 가지 시각에서 규정할 수 있다. 그 중 하나가 될, 내 정의는 감수성의 고갈이다. 신체적인 기능 저하만도 서러운 것이다. 거기에 감성마저 줄어들면 그 다음 종착역은 우울증이다. 이것은 늙음을 '노쇠'라는 질병으로 보는 의학자들이 밝혀 낸 사실이다. 미리미리 준비해 두는 것이 좋다. 아니, 더욱 더 풍성하게 길러두는 것이 정신적 노후 준비 중 하나다.

사실 풍부한 감성을 유지한다는 것은 젊다는 말과 같다고 생각한다. CTM의 증명을 난 성적으로 할 수밖에 없었다. 객관성이나 전·후를 내보일 수 있는 유일한 것이기 때문이다. 만약 감성을 수치로 나타낼 수 있는 객관적 방법이 있었다면 난 주저 없이 도전했을 것이다. 그리고 이것으로의 증명을 더 위에 두었을 것이다. 지금도 누가 뛰어난 기억력이나 풍부한 감성 중에 하나를 택하라면 난, 단연코 감수성이다.

CTM을 어떻게든 쉽게 친구들에게 전하기 위해서 나름대로 항목을 나누고 했지만 사실 한 제목으로도 충분하다. 어느 항목에 적어도 좋을 '시간여행 쉽게 하기' 즉, 'CTM 쉽게 진입하기'를 적어 본다.

70대에 필요한 것이 있다면, 그것이 있었던 때로 돌아가면 된다는 사고를 우선하자. 언제든 시간여행을 할 수 있는 나만의 장소는 이미 다양한 형태로, 원하는 구성으로, 바람직했던 옛날의 상황으로 마련되어 있다.

　수시로 가면 된다. 그런데 그것이 잘 안 되는 사람들도 있다. 내 친구들 중에도 있다. 시력이나 그밖에 내 하는 짓들이 신기하긴 하지만 CTM 어쩌구 하면 좀체 귀를 기울이지 않는다. 할 수 없이 쓰게 된 것이 이 책이다. '유연한 사고'에 많은 분량을 할애한 것도 그 이유다.

　타임머신의 연료를 소개해 보자. 우리 곁에는 언제든 시간여행을 도와주는 것들이 많이 있다. 무엇이든 좋다. 어릴 때 사진, 초등학교 시절 일기장, 오래된 군복 등 무엇이든 자신의 젊음과 관련이 있는 것이면 충분하다. 그 시절 그 장소에서 불렀던, 들었던 음악도 있다. 이걸 보고, 느끼고, 만지고 써보며 그때로 여행하면 된다. 지금도 내 가방엔 40년 전에 산 금장 파커 만년필이 들어있고 지갑엔 아내와 연애 시절 찍은 사진이 있다.

　가끔 42년 된 잠수용 시계도 차고 다닌다. 고무 재질의 줄은 완전 삭아서 새것으로 갈았다. 그러나 그것에 묻어있는 시간은 종종 나를 자기의 시간대로 데려간다. 그걸 차고 제일 먼저 들어 간 바다가 홍해다. 직접 들어 가 본 사람만 왜 이름이 Red Sea인지 알게 된다. 총 천연색으로 펼쳐진 바다 속이 온통 붉다. 양쪽 대륙에 개펄이 전혀 없어 시야가 세계 최고라고 말할 수 있다. 더구나 사우디아라비아 쪽은 사막과 연결되어 언제나 강렬한 햇빛이 바다 속을 환히 비춘다. 베니어판만한 가오리도 편대를 지어 다니고 가끔 상어를 보기도 했다. 그때 내 손목에 채워져 있던 시계다.

내게는 다른 연료도 있다. 1979년부터 써 온 비망록 비슷한 노트가 한 권 있다. 가슴을 적시던 좋은 시들이 여러 편 적혀있다. 어떤 사건이 있었을 때, 내 감상이나 느낌을 적어 놓은 것들도 있다. 생활에 아주 유익한 소위 꿀 팁들도 있다. 양조용 누룩을 만드는 비법도 적혀 있다. 40년 전부터 국내에서, 해외에서 꼭 챙겨들고 다니던 것이다. 난 이걸 많이 이용한다. 여기에는, 지난 시간 당시, 그때의 생각과 과정이 고스란히 담겨 있기 때문이다. 지금도 진행 중이다. 가끔은 적당한 혼술을 권한다. 이게 내가 제일 강조한 제주력을 100% 활용하는 방법이다.

그리고 한 가지 더 권한다. 아무리 게으름뱅이라도 이건 당장 시작할 수 있다. 저녁 잠자리를 옮기는 일이다. 잠자리에 들기 직전 소등을 하고 난 다음, 오늘 내가 잠잘 곳을 선택한다. 나는 주로 옛날 고향집이다. 가끔은 외국의 어느 곳일 수도 있다. 젊은 시절, 행복했던 때, 옛 추억이 묻어있는 곳을 정하면 된다. 잠을 청하며 그때의 장소와 내 모습을 그려주면 된다. 그렇게 잠들고 아침을 맞으면 된다. 아침에 일어나면 잠깐 어제 내가 잠들었던 곳을 기억만 해주면 끝이다. 그렇게 매일 하는 것이 어려운 일인가? 잠도 잘 오고 불면증에 시달릴 일도 미리 예방하는 일이다. 이게 습관이 되면 매일 아침을 거뜬하게 맞을 수 있다. 그리고 무의식에서도 행복한 CTM이 가능한 것을 몸소 체험할 수 있다.

나는 여기에 한 가지를 더 붙인다. 내겐 사우디아라비아 사막에서 직접 주운, 나무 화석 한 개가 있다. 아마 1966년이나 67년 사막에서 얻었을 것이다. 손바닥만한 것인데 벌레들이 파먹은 자리와 나무껍질에 나이테까지 완벽하게 남아있다. 굽어진 각도로 보아 아마도 지름 20㎝ 정도의 나무에서 떨어진 파편으로 보인다.

지질학 교수로 있는 친구가 보더니 한 2억 년 전 것이란다. 그리고 그 당시는 공룡들이 지구의 주인이었다는 말도 덧 붙였다. 2억 년 전! 난 겨우 70 몇 년 전에 세상에 나왔는데, 이것은 사우디아라비아 사막이 숲이었을 때 살아 있었던 나무인 것이다.

좌대를 만들어 그 위에 세워 두고 가끔 생각에 잠겨 본다. 거의 모든 종교에서 영혼은 불멸한다던데 그럼 이것이 살아 있었을 때 난 어디에 있었을까? 불교에는 부모미생전(父母未生前)이라는 화두가 있다. 내 부모가 아직 태어나기도 전에 나는 어디에 있었을까?라는 물음이다. 똑같은 질문이다. 다만 내 부모 태어나기 전이라면 한 100년 전 쯤이고 이 화석이 살아 있었을 때는 한 2억 년 전 쯤이라는 시간의 간격이 다를 뿐이다.

시간이라는 개념선 상에서 보면 그게 그거인 셈이다. 내가 지금 쓰고 있는 CTM 운동은 겨우 40~50년 세월을 되돌리자는 건데 아예 한 2억 년 전으로 되돌리면 어떤 일이 벌어질까? 상상은 끝없이 이어진다. 지구는 한 45억 년 쯤에 태어났다는데 46억 년 전에 난 어디 있었을까? 시간이란 도대체 무엇일까? 기존의 개념과 다르게 해석해 볼 수는 없을까?

내가 하고 있는 모든 이야기의 발단은 사실 여기서부터 시작되었다. 어떤 것에 대해 정말 확실히 알고 싶다면 우선 그것에 대한 고정관념 유무를 확인해 봐야 하는 것이 순서일 것 같다. 그리고 이미 모두의 사고를 지배하고 있는 개념의 다른 해석을 찾았더라도, 인정받기 쉽지 않다는 각오도 필요하다. 그런 후에라야 본질에 접할 수 있는 가능성이 좀 더 있다고 생각된다. 그런 각오로 나는 시간을 보는 각도를 이렇게 달리 해 보았다.

시간의 본질에 대하여: 입자일까, 파동일까, 질량이 있을까, 부피가 있을까, 왜 보이지 않을까, 왜 느낄 수 없을까, 과연 실존하는 것인가? 그렇다면 어떻게 입증할 수 있을까.

시간의 흐름에 대하여: 꼭 한 방향으로만 흘러가는 걸까, 반대로 흐르게 할 수는 없을까, 누구에게나 어디서나 똑같이 작용할까. 작동되는 에너지원은 무엇일까.

이런 의문들은 상당히 황당한 것 같지만 이 중 몇몇은 이미 답을 갖고 있다. 누구나 아는 대로 시간은 장소에 따라, 속도에 따라, 중력에 따라 다르게 흐른다. 그리고 어떤 공간에서는 왜

곡된다. 가장 중요한 사실은 시간이 절대적이지 않다는 것이다. 우리가 평소 아무 느낌 없이 받아들이는 것일 뿐 완벽한 것이 아니다.

"시간은 느끼는 사람의 감정에 따라 속도가 다르게 흐른다."를 가설로 해보자. 이 경우, 아인슈타인의 말을 인용해 볼 수 있다. 상대성 이론을 발표한 직후, 도무지 이해하지 못하는 사람들을 위해 한 말이 있다.

"아름다운 미녀와 와인을 마시며 보낸 1시간과 빚쟁이한테 시달리며 보낸 1시간의 길이는 똑같지 않다."

가설과 부합되는 말이니 일단 받아들여보자. 그러면 시간의 속도는 인간이 처해있는 상황에 따라 다르게 흐른다. 그 상황은 인간의 생각이 반영된 것이다. 따라서 생각은 시간의 속도를 조절할 수 있다는 말이 된다. 또한 시간을 작동시키는 동력이 인간의 감정 또는 생각이라는 또 다른 가설도 성립된다.

시간은 앞으로 얼마나 더 지나서 멈출까? 갑자기 시간이 멈추면 어떤 일들이 일어날까? 영원이라는 개념이 존재할 수 있는 것일까? 언젠가 이런 물음들이 논리적이고 실증적으로 풀어진다면 아마 종교는 무의미해 질지도 모른다.

사실 종교는 그렇게 역사가 길지 않다. 우주는 빼고, 지구라는 행성이 갖는 45억 년 역사에 비교할 필요도 없다. 인류가 나타난 시점으로만 대비해 봐도, 불과 몇 분 전에 발명된 것일 뿐이다. 그런데 종교는 영원과 불멸을 말한다. 그리고 신이라는 어마 무시한 존재도 만들어 냈다. 그리고 대부분 자신들의 목적을 위하여 피지배자들을 억압하는 수단으로 써 먹었다. 난 모든 종교를 그저 각각의 철학으로 본다.

언제라도 자신 있게 말할 수 있는 것은 오로지 '양심'에 따른다는 한 마디면 족하다. 아무리 생각해도 양심은 인간의 발명이 아니다. 만약 신이 존재한다면 아마도 양심은 그로부터 온 것이 아닌가 싶다. 그걸 따르면 별스럽게 유난을 떨지 않고도 그의 세계와 연결될 수 있겠기 때문이다. 만약 천당이나 천국이 존재한다면, 어느 한 구석에는, 기도하지 않았지만 양심을 지키고 살아온 자들의 공간이 마련되어 있을 것으로 믿는다.

4) 시력 회복하기

시력은 이렇게 회복했다. 한 마흔여덟쯤 되었을 때였다. 밥상에서 반찬을 집어오는데 눈이 어질해지면서 초점이 맞지 않는 경험을 했다. 멀리 있는 것은 보이는데 가까이 가져오면 초점이 안 맞았다. 신문도 멀리 놓고 보는 것이 편해졌다. 안과를 방문했더니 나이에 따른 노안이라며 약간의 도수가 있는 안경을 추천했다. 그 안경을 처음 썼을 때, 훨씬 잘 보이는 글자를 보며 나이를 실감했었다.

한동안 어쩔 수 없이 필요할 때는 돋보기를 사용했다. 평소에 안경을 쓰는 것이 여간 불편하지 않았기 때문이다. 누구나 그런가보다 하며 참고 살았다. 그러나 CTM이 체계를 잡고 나니, 이 정도는 화타 한의원 침 몇 대 맞으면 끝이다. 그리고 일러주는 처방대로 따르면 금방 해결된다. 화타 선생이 가르쳐 준 처방을 공개한다.

우선 먼저 설명한 말랑말랑한 '유연한 사고'로 무장하고 결과를 확신한다. 무한 상상력은 실제적 무기다. 그리고 눈에 전혀 문제가 없었던 한 때를 설정한다. 당시의 배경과 주변 등을 구체적으로 상상해서 그곳으로 시간여행을 떠난다.

거기 적당한 장소에 정좌를 하고 그때의 내가 되어, 세상의 좋은 기(氣)를 머리 정수리 백회에 모아 몸으로 끌어들인다. 기가 무엇인지 논쟁은 필요 없다. 내게 필요한 어떤 것이라는 상상과 의념을 통하면 된다. 그리고 그것이 정수리에서 뒷목을 타고 스물스물 내려와 두 어깨를 거쳐 양 손바닥에 고이게 한다. 그렇게 되었다고 생각해 주면 된다. 그런 후 두 손을 합장하며 잠시 비벼 주어 고인 기를 더 왕성하게 만든다. 그리고 두 손 바닥을 약간 옴폭하게 만들어 두 눈에 대고 기를 방사시킨다. 자신에 눈에 무언지 모르더라도, 신령스런 기운이 스며들어온다고 상상해 주면 된다. 그러다 보면 진짜 눈이 시원해지는 느낌을 받을 수 있다. 진지하게 반복해 주면 효과가 나타난다. 그대는 지금 시력에 전혀 문제가 없는 젊은 사람이기 때문이다.

아주 어렸을 때부터 안경을 착용한 사람도 많을 것이다. 내 주변엔 그런 사람이 CTM을 통해 안경을 벗은 경우도 있다. 밑져야 본전이다. 아주 미세한 차이라도 느껴지면 포기하지 말 것을 권한다.

이 처방을 철썩 같이 믿고 하루에 아침저녁으로 한 10여 분씩 시행해 본 결과 난 3일이 채 안 걸렸다. 실시 시간은 10여 분이지만 그 기간 내내,

"내가 왜? 이걸 못해! 남들이 하는 걸 내가 왜? 못해! 난 할 수 있어!"

이러한 무한 긍정으로 무장된 3일이어야 한다. 결코 결과를 의심하지 마시라. 내가 할 수 있었는데 귀하가 못할 이유는 없다. 그렇게 사전을 다시 읽을 수 있게 되었다. 그것도 한 30㎝ 정도 거리에서 말이다.

안과를 찾아 시력검사 및 안압 등을 검사해 보았다. 완벽했다. 지금까지 양쪽 다 1.2고 아무런 문제가 없다. 작년에 운전면허증 갱신 때 시력검사에도 1.2였다. 요즘은 공부한답시고 컴퓨터에 자주 앉는 관계로 가끔 눈의 피로를 느낄 때도 있다. 그럴 때마다 나는 지금도 이걸 잘 써먹고 있다. 몇 번 처방을 따라

하는 것으로 금방 해결되기 때문이다.

　수업시간에 자주 쓰는 PPT 자료들 때문에 앞에 스크린을 내릴 때가 있다. 동급생들 중 몇몇은 잘 안 보인다거나 글자를 좀 크게 해달라는 요청을 한다. 주로 맨 뒤에 앉아있는 나는 전혀 문제가 없다. 난 안과 의사도 아니고 남 다른 의학 상식이 있지도 않다. 그러나 이 결과는 아직도 유효한 거짓 없는 내 경험이다. 그렇다고 누구에게나 똑같은 효과가 있다고 장담할 수는 없다. 하지만 생각보다 수많은 사람들에게 효력이 있을 것이라는 확신을 갖고 있다.

　방법이 쉽다고 무시할 필요는 없다. 혹 그대도 나 같은 경험이 있거나 시력을 회복할 필요가 있다면 우선 시도해 볼 일이다. 내겐 필요 없었지만 화타 선생에게 눈에 좋다는 어떤 비방의 탕약이라도 받아 병용해 볼 것을 권한다. 일러 준 방법이 약하다 싶으면 그곳으로 돌아가서 한의원을 찾으시라. 그리고 그 마을에서, 그 시간에서 시행하시라. 그러다보면 곧 바라던 대로 된다. 천하의 화타 선생을 주치의로 두는 건 생각보다 썩 괜찮은 일이다.

평생 고질병처럼 여기던 길치(길눈 어두운 사람)는 딱 하루 만에 해결했다. 마을에 가고 자시고 할 일도 없었다. 학교에 입학하기 얼마 전까지 나는 사우디아라비아 리야드에서 일하고 있었다. 수도인 그곳은 지금도 곳곳에 전철 공사를 하느라고 온통 난리다. 내가 길치라서 겪는 불편이 이만저만 아니었다.

이렇게 해결되었다. 그땐 이미 CTM의 기틀이 다 잡혔을 때였다. 내가, 왜?로 시작했다. 내가 왜 길치지? 난 아니야. 그럴 리 없어. 그렇게 생각을 바꾸자 길이 보이기 시작했다. 3D 지도 한 장을 사놓고 X축과 Y축을 정했다. 내 마음속 마을의 구석구석을 다 알고 있는 것처럼 X축을 중심으로 좌우를, Y축을 중심으로 상하를 배치해 보았다. 그리고 그것을 머릿속에 담은 채 길을 한 번 운전한 것이 전부였다.

집에 돌아와 X와 Y축을 중심으로 훑어보았다. 그것으로 충분했다. 이렇게 간단한 것에 그렇게 시달렸던 것이 너무 억울했다. 시간여행을 통해 내 공간지각 능력이 살아나서인지, 생각을 바꾼 것이 즉효인지는 모른다. 어쩌면 탈피오트 식 조감도 훈련인지도 모른다. 젊은 시절부터 나는 지독한 길치였다. 집사람이 제일 잘 안다. 그해 겨울에 와 보더니 너무 신기해했다.

사실 사우디아라비아는 2018년 6월에야 여성 운전이 허락된 나라다. 모든 여성들의 외출은 누군가 데려다 주고 데려와야 했다. 동네 마켓을 가도 혼자 갈 수가 없다. 이런 환경에서 몇 달씩 같이 생활하곤 했던 아내의 보증이다. 연애시절부터 지독한 길치여서 어디 좀 가려면 꼭 마누라와의 동행이 필수였다. 그러던 내가, 시내 구석구석을 능숙하게 찾아다니는 걸 보더니 리야드에서 택시 운전을 해도 문제없겠다며 놀라워했다. 길치 탈출은 충분히 검증되고도 남는다.

아내는 CTM에 대해서 잘 모른다. 제일 먼저 전해주고 싶지만 다 알다시피, 마누라에게 운전연수 시키는 게 얼마나 어려운 일인가. 시절 인연이 닿아야 가능할 것이다. 그런데 지금도 가끔 내 길치 탈출을 신기해한다. 내 대답은 늘, 생각을 5도 정도 바꾸니까 길이 보이더라가 전부다. 사실 그것이 CTM이기 때문이다.

5) 정상 혈압 유지하기

서두에 나는 지금 혈압약이나 당뇨약이 필요 없다고 밝혔다. 그렇지만 CTM 전에는 그렇지 않았다. 우리가 IMF 외환위기 사태를 겪을 때, 내가 운영하던 회사도 매출이 20% 대로 곤두박질쳤다. 그 후 2년여를 나도 고혈압에 시달렸다. 그러다가 이 동네 드나들면서 약을 끊은 지 오래된다. 이건 딱히 목표를 세우거나 하지 않았다. 그냥 병원에서 정기적으로 받아오는 혈압약을 습관처럼 먹고 있었다.

그러다가 어느 날 문득, 약이 아직도 필요한가 하는 생각이 들었다. 필요 없을 것 같았다. 그 시절 내게 고혈압이 있었을 리 만무하기 때문이다. 며칠 약을 끊고 혈압을 재 봤다. 정상 수치였다. 약을 끊고 한 일 년여가 지나자 의료보험 공단에서 서신이 왔다. 무료 건강검진표와 함께 계속 먹던 혈압약을 처방받지 않는다는 지적도 있었다. 그렇게 고혈압에서 벗어났다. 내 나이에 많은 이들이 고생하고 있는 당뇨는 별 신경을 쓰지 않고 지냈었는데 여하튼 지금은 20대와 같다.

그러나 노파심에서 한 마디를 얹는다. 여러 변화들이 나타나는 것에 확신이 들 때까지는 모험은 하지 말기 바란다. 나중에 의사 선생님들에게 이런저런 소리를 듣고 싶은 생각은 없다. 직접 차분하게 체험해 보는 것이 최고다.

6) 유연성 회복하기

이건 뭐 딱히 방법을 강구한 게 아니다. 그냥 내가 마련해 둔 장소를 자주 들락거리다보니 허리의 각도가 더 휘어지고 어깨나 팔 등이 뻣뻣하던 것이 사라진 것뿐이다. 아직 오십견이라거나 척추나 목 디스크 등에 신경 쓰는 일은 없다.

그러나 이 항목에서 내가 휠체어를 타고 학교생활을 시작한 이유를 밝히고 넘어 간다. 부상을 입을 당시의 내 유연성에 문제가 있었을 것이다. 그리고 너무 욕심을 내면 안 되는 부분도 경계 삼아 그간의 사정을 자세히 적어 본다.

내 20대에는 무협소설이 인기였던 때가 있었다. 그것들을 읽으면서 늘 궁금한 것이 있었다. 주인공은 아니지만 무림에서는 늙은이들이 많이 등장한다. 그리고 무술이 젊은이들보다 고강한 것으로 묘사되는 장면이 많다. 난 이게 믿기지 않았다.

언젠가 중국 소림사에 가서 직접 물어보리라 생각하고 있었다. 그로부터 먼 훗날이지만 마침내 소림사를 찾을 기회가 생겼다. 주지 스님은 아니고 무술을 가르치는 스님을 만났다. 나이가 한 50세 정도로 보였다. 조선족 가이드의 통역으로 의사소통에는 전혀 문제가 없었다.

스님은 자기가 지금 62세인데 무술을 가르치고 있다면 답이 되느냐고 되물었다. 충분히 그럴 수 있고 중국엔 아직 초야에 묻혀있는 고수들이 아주 많다. 그들의 대부분은 노인들이다. 모르고 함부로 대했다가 혼이 나는 경우가 빈번하다. 자기도 젊었을 때 그런 경험이 있다고 예까지 들어가며 자신 있게 말했다.

당시 내가 나이가 들었기 망정이지 만약 20대였다면 모든 걸 때려치우고 입문 했을지도 모를 만큼 감동을 받았다. 그때 기억이 아마 뇌세포 어딘가에 잘 보관이 되었던지, 워낙 무모한 성격 때문인지 모르지만 이렇게 사단이 나고 말았다.

2017년 난, 사우디아라비아에서 일하고 있었다. 대부분 여름 휴가를 떠나는 라마단(이슬람 교도들의 금식 월) 기간을 얼마 앞두고 있을 때였다. 사우디는 더위 때문에 거의 모든 운동을 실내에서 한다. 자주 나가는 동네 스쿼시 체육관에 젊은 사우디 친구가 하나 새로 들어왔다. 그런데 이친구의 솜씨가 나랑 엇비슷했다. 그런데 이자가, 내가 자신의 상대가 안 된다고 나이까지 들먹이 며 떠들고 다녔다는 거였다. 같이 붙으면 그래도 승률이 내가 조금은 높은데, 녀석의 버르장머리를 고쳐 놓자고 한 게 그만 휠체어로 이어졌다.

휴가 가기 전에 콧대를 꺾어 놓자는 계획에 따라 내가, 왜? 이 걸 못 해라며 열심히 연습하던 어느 날. 모서리를 돌아 나오는 공을 백으로 짧게 넘기고 바로 오른쪽에서 승부를 걸면 렛(let, 방해한 것으로 간주되는 행위 벌칙)을 피할 수 있다. 이 녀석의 습성을 익히 파악하고 그 약점에 파고드는 방법이었다. 확 방향을 바꾸 는 순간, 왼 무릎에서 "우두둑" 소리가 났다. 70 평생 잘 써먹던 연골이 작살나는 순간이었다. 이런 경우는 CTM 할아버지라도 방법이 없다. 나 같은 미련한 전철은 밟지 말 것을 권한다. 나는 소림사 무술승이 아니었던 것이다.

그리고 12월 1일 사우디를 당분간 포기하고 수술을 받았다. 히딩크 전 축구 감독이 줄기세포 수술을 받았다는 병원을 찾았다. 우연의 일치로 그 분도 스쿼시를 하다가 다쳤다고 했다. 이번에 확실히 알았지만 스쿼시는 70대가 하기엔 적절하지 않은 것 같다. 그대는 부디 그것에는 도전하지 마시라.

7) 제주력 얻기

어떻게 술을 다스렸는지에 대한 이야기다. 먼저 언급한대로 제주력에 대한 것은 내가 많은 정성을 들일 부분이어서 우선 배경부터 자세히, 천천히 이야기를 풀어본다. 이 책을 전부 읽고 났을 때, 귀하의 제주력이 몇 점 정도일까 기대도 가져 본다.

실연당해서 징징거리던 녀석을 위로할 겸 몇 몇이 단골 막걸리 집에 모였다. 위로를 핑계로 내가 쏘는 자리였다. 난 그날 이

후 좀 조심해야 할 일이 생겼다. 한 주전자 4,000원이고 안주는 그저 만 원 언저리라서 대여섯 명이 퍼마신대도 별 부담은 없다. 평소보다 조금 심각한 자리로 시작은 했다. 녀석의 실연이 주제였기 때문이다.

그러나 우리들은 제트 세대(Z generation)다. 곧 평소처럼 서로 주전자를 찰랑찰랑 채워 오고 좌석이 떠들썩해졌다. 그렇게 마시다가 12시를 넘긴 것까지는 좋았다. 그런데 다음날 두 명이나 술병으로 결석을 했다. 아뿔싸, 내가 주니어들과 마신다는 걸 잠시 망각한 결과였다. 난, 술자리에서 누구에게라도 강권하지 않는다. 각자의 주량껏 마시고 즐기는 걸 원칙으로 삼는다. 그런데 이 녀석들이 그날 기분에 과음을 한 것 같았다.

아침에 등교해 보니 두 녀석이 보이질 않았다. 같이 마신 녀석에게 물었더니 아프다는 핑계로 오늘 출석이 어려울 것 같다는 얘기였다. 난감했다. 우리 어린 친구들에게는 다반사일 수 있겠지만 내가 낀 자리의 후유증은 여간 난처한 게 아니다. 만약 혹자가 "애들이 약 먹으면 애들 죄입니까, 어른 죄입니까?"라고 물어오면 할 말이 없기 때문이다. 그 후부터는 가급적 11시를 넘기지 않도록 조심하고 있다.

당신의 20대 시절, 음주 행태를 생각해 보자. 같이 뭉쳤던 친구들도 하나하나 떠올려보자. 지금과 그 시절의 주량에 차이가 있는지 비교해 보자. 차이가 있다면 원인은 무엇인지 곰곰이 생각해 보자.

그러다보니 어린 주니어들과의 술자리 보다는 역시 카누 클럽 멤버들이나 40~50대 오리지널 술친구들과 어울리는 것이 백번 마음 편한 일이다. 많고 적고 몇 시까지 마시고 간에, 뒷소리 들을 일이 전혀 없기 때문이다. 작년에 같이 카누를 만들면서 알게 된 친구들과 춘천 카누 클럽 동호회를 만들었다.

2017년 4월 8일 내가 춘천 카누 클럽 밴드에 올린 글이다. 격의 없이, 한 공간 한 시대를 같이 하는 술친구들이다. 언젠가 CTM이라는 우주선을 함께 타고 싶은 사람들이다. 그들과의 행태가 고스란히 그려져 있어 그대로 옮겨본다.

"엊저녁 무림에서 있었던 일들입니다. 저녁 7시쯤, 어스름 달빛을 밟고 무림 고수들이 하나둘 모여 들었습니다. 이호문, 조남용, 이원준, 이은섭, 김연일, 전근배, 조선기 등. 이제 바야흐로 칼부림과 장풍이 오가기 시작했을 때 웬일인지 천하의 김연일 고수가 슬그머니 제 곁으로 기어드는 겁니다. 아침나절에 소주 5병을 삼빡하게 해치우고 그의 천적 이은섭 최강고수가 나타났거든요.

1차는 그렇게 넘겼지만 2차에서는 결국 이은섭 고수의 장풍이 김연일 등을 쥐 잡듯 해가며 난무했지요. 결국 2차에 좀 늦게 합류한 지주용 고수와 함께 그때까지 살아남은 최강고수 6명이 실내 스크린 야구장에 갔습니다. 다시 맥주를 줄기차게 털어 넣어가며 난타전을 벌인 끝에 OB팀이 깨져서 게임 값은 물론 아침해장국까지 샀지요. 장풍에 맞고 칼에 스친 상처들을 간신히 수습하고 집에 들어가니 새벽 4시였습니다. 우리 클럽엔 숨은 고수들이 참 많습니다."

지금도 가끔 '무림의 고수'라는 존칭으로 서로를 부추기며 마시고 대부분 끝장을 본다.

2017년 여름, 유래 없던 무더위를 선풍기 몇 대로 견디면서 클럽 회원 몇 명이 각자의 카누를 만들었다. 고래의 단면처럼 생긴 목형을 카누가 배의 형태를 갖출 수 있도록 일정 간격으로 고정시킨다. 그리고 폭 3㎝, 두께 5㎜ 정도로 길게 켠 캐나다산 삼목 대를 밑에서 한 개씩 이어 붙여 올라간다. 마지막 좁아지는 곳까지 마감한 후 유리 섬유와 레진으로 방수처리를 한다. 정통 캐나다 식 카누다.

우연치 않게 직접 만들 각오만 되어 있으면, 재료값만 들이고 카누 한 대를 가질 수 있는 기회를 만났다. 춘천은 도처가 강이고 호수다. 내가 이런 기회를 마다할 이유가 없다. 이런 건 나이로 만드는 것이 아니고 체력으로 만드는 것이다. 그건 자신 있다. 내가 못할 이유는 전혀 없었다. 그 뿐이 아니었다. 사실 카누는 무동력이라서 면허가 필요 없다. 그러나 만들고 얼마 안 있어 난 조종면허 1급에 도전했다. CTM적 사고는 우선 면허를 따면 배는 언젠가 자연히 따라온다는 믿음에 기인한 것이다.

2급은 필기와 실기 모두 60점을 넘으면 된다. 그런데 1급은 필기 70점, 실기 80점 이상이라야 합격이다. 당연히 2급이면 충분하리라 생각했는데 이게 차이가 나도 한참 나는 거였다. 결정적인 차이는 이렇다. 1급 면허 자가 동승하면, 그의 감독 하에 무면허 자가 운전을 해도 된다는 점이다. 즉, 내가 한 잔 먹었을 때, 다른 사람이 조종을 해도 된다는 뜻이다. 이걸 양보할 수는 없었다. 배에서 술 한 잔을 못 한다? 이건 옛날 속담으로 '싱겁기가 기생 데리고 밥 먹기'다. 영리적 사업을 할 수 있고 배도 훨씬 큰 것을 몰 수 있는 등은 별로 관심이 없었다.

어쨌건 난 지금, 커다란 고깃배를 몰고 바다를 운항할 자격이 있다. 말이 난 김에 귀하에게도 면허 취득 방법을 몇 마디 소개한다. 필기가 만만치 않다. 운전면허시험은 상식적인 것이 많아서 별 어려움이 없지만 조종 면허는 법규에서나 운항 규칙 등에서 전혀 생소하다. 국가가 마련해 놓은 700문제 중에서 무작위로 50문제를 골라 출제한다. 이미 골라 놓은 여러 유형 중에서 당일 추첨으로 각자가 고른다.

참고삼아 2문제만 소개해 본다.

문제 1) 야간운행 중 등대불빛을 식별하는 요소가 아닌 것은?
갑. 등광의 색
을. 등광의 주기
병. 등질의 종류
정. 등광의 밝기

문제 2) 선박의 입항 및 출항 등에 관한 법률상 우선 피항선에 해당하지 않는 것은?
갑. 부선
을. 단정

병. 예인선

정. 25톤 어선

정답은 모두 '정'이다. 공부를 하지 않고 응시했다간 망신살에 응시료만 날린다. 여기 4번이나 떨어진 사람도 봤다. 필기 76점, 실기 88점으로 합격했다. 역시 근래 최고령 합격자라고 했다. 그렇지만 난 CTM 합격자지 최고령은 의미가 없다고 본다.

두 달여의 강행군 끝에 6대의 카누가 완성되고, 얼마 후 소양 댐에서 합동 진수식을 가졌다. 양구 방향으로 가다보면 나오는 조항리 배 터에서 한 시간 가량 저어가면 전인미답의 맑고 좁은 계곡이 있다. 댐이 만들어 지면서 수몰된 조교리의 산자락이다. 클럽 회원 열댓 명이 1박 2일의 캠핑으로 6대의 새 카누를 위한 자축 식을 가진 셈이다.

그로부터 며칠 후, 바로 그곳으로 나만의 쏠로 캠핑을 갔다. 아무나 갈 수 없는 곳을 마음먹은 때에 언제나 갈 수 있다는 특 권을 누려보고 싶었다. 바다처럼 넓은 동양 최대의 소양댐이다. 시퍼런 물은 내려다보면 끝이 보이질 않는다. 뒷덜미가 좀 서늘

하긴 하다. 한참 저어가면, 좁지만 맑은 계곡에 다다른다. 거기엔 버들치들이 살고 있다. 텐트 치고 마실 것 준비해 놓다보면 깜깜한 호수엔 별빛이 일렁인다. 가끔 별똥별이 낮게 산허리를 지난다. 도시의 폭염을 피해온 터다. 훌러덩 벗어버린 등줄기를 시원한 바람이 긴 혓바닥으로 훑고 지나간다.

잔 하나 들고 계곡 물에 들어간다. 버들치들이 모여든다. 툭툭 치며 아는 체를 한다. 옆구리를 간질이는 놈, 발가락을 꼭 깨물고 도망치는 녀석도 있다. 혼자 와서 고즈넉할 줄 알았더니 이놈들이 기다리고 있었다. 녀석들을 축하객 삼아 내 카누만의 진수식이라고 규정지었다. 그렇다면 샴페인이 빠질 수는 없다. 그날 밤, 준비해 간 모에샹동 메그넘 사이즈를 머리 위에 거꾸로 세웠다. 그즈음의 열대야라는 지옥을 천국으로 바꾼 하루였다.

그 후기가 밴드에 올라가자 무림 고수들의 걱정들이 댓글로 달렸다. 대단하다거나 부럽다는 격려도 있었지만 혼자서 무섭지 않았느냐는 물음이 많았다. 더구나 거기는 수몰 지역이다. 옛날 집들이나 미처 이장 못한 무덤들도 모두 밑에 있다는 거였다. 한 밤중에 밑에서 물귀신이 쓱 올라올 수 있다는 뉘앙스도 있었다. 그 마을이 대추나무 골이라 불렸단다. 그리고 내 캠핑 언저리가 산 중턱 쯤에 있던 공동묘지 근처였다고 한다. 자세한 사연과 내막은 잘 모른다.

얘기를 듣고 나자 은근히 호기심이 발동했다. 결국 난 며칠 만에 다시 그 자리를 찾았다. 사실 난 꾐장한 겁쟁이였다. 특히 귀신을 제일 무서운 존재로 여기고 살았다. 어린 시절을 할아버지와 같이 보냈기 때문일 것이다. 입담이 남 다르던 조부님의 실감나는 귀신 얘기에 언제나 쌍방울이 오그라들곤 했었다. 그 땐 뒷간도 혼자 가지 못 했다. 할아버지 등에 업히고, 번을 세우고 나서야 겨우 볼일을 보곤 했었다.

그때도 이 어른은, 밑에서 시키면 손이 쓱 올라와서 쌍방울을 쓰다듬으며 "빨간 종이 줄까? 파란 종이 줄까?" 묻거든 빨간 종이 달래라시며 나를 놀려 대셨다.

그러나 나이가 들고 내가 다시 손자한테, 옛날 들은 이야기를 해 주다보니 이게 그렇게 재미있을 수가 없었다. 내 할아버지의 쏠쏠한 악 취미도 물려받았고 귀신을 장난감으로 여기게도 되었다. 세월의 덕이다.

　내가 다시 한 번 혼자 그 자리를 찾는 것이 별 부담스럽지 않은 이유다. 지난번 기억이 너무나 새롭고 혹, 가능하다면 정말 특이한 경험을 해봐도 좋겠다는 생각이었다. 귀신 나부랭이야 이미 손주들에게 장난감으로 팔아먹은 지 오래 된 터다. 혹시나가 역시나 일 것은 뻔하다. 그날도 마찬가지였다. 며칠 후 모인 자리에서 내가 무림 고수들과 나눈 이야기의 논지다. 물귀신에 대해서다.

　첫째, 물귀신은 여자다. 만고에 남자 물귀신은 없다. 할머니 물귀신도 들어 본 적 없다. 대부분 젊은 여자다. 그러니 물속에서 걸어 나온 데도 이미 70 객인 내가 밑질 일이야 있을까. 고마울 뿐이다.

　둘째, 귀신인 즉, 소복에 긴 머리가 당연하다, 젊은 여인이 물에 젖어 찰싹 달라붙은 옷을 입고 물어서 걸어 나온다. 무서운 것보다 우선 아름다운 자태가 먼저이지 않을까. 얼굴 앞에 흩날리는 긴 머리도 물에서 올라오자면 빗질한 것처럼 차분해질 것이다.

셋째, 여태까지 살아온 동안 귀신이니 어쩌니 하는 구라가 말짱 황이라는 사실을 시니어들은 너무나 잘 알고 있다. 기회가 된다면 한 번 경험해 보고 싶은 아이템 중 하나다. 그러나 주니어들은 아직 겪어 본 것이 없는 상상일 뿐이다. 사실 상상이 더 무섭다. 그러나 나는 그럴 이유가 전혀 없다. 그래서 더할 수 없이 편안한 밤이었다.

술 이야기를 하면서 한 가지 오해를 짚고 넘어 간다. 일반적으로 정말 많은 사람들이 잘못 생각하는 것 중 하나가 주량(酒量)이다. 생각해 보거나 근거도 없이 무조건 주니어보다 시니어가 술이 약할 것이라고 생각한다. 그렇다면 그건 그대의 젊은 시절과 지금의 차이를 견주어 말하는 것 같다. 그런데 그건 생각의 차이였음을 간과한 오산이다.

한 인간의 능력, 성격, 성질은 잘 변하지 않는다. 귀하가 변할 것이라 기대했던 아내나 남편이 결코 변하지 않는다는 사실을 직시해 보시라. 변하기 힘들다.
젊은 시절 한 말 술 실력이 세월 따라 변하는 줄 아는데 그렇지 않다. 그 실력을 줄이는 언어공해가 끊임없이 그걸 줄였기 때문이다. 생각해 보시라. 나이 들면 술이 주는 게 당연하다고 생각 되는가? 왜? 그래야 하는가, 입증할 만한 근거가 있는가? 없다.

늙으면 모든 기능이 약화된다는 관습적 통념에 의한 것이다. 세월이라는 시간의 기능을 잘못 해석한 것이 원인이다. 인간들 대다수의 근거 없는 언어 습관과 생각의 결과일 뿐이다. 상식이라는 무비판적이고 비이성적 생각의 산물이다.
"늙으면 다 그런 거지."
'내가 왜?' 이걸 늘 달고 살아야 하는 이유다.

"나이 들었으니 술도 예전 같지 않겠지." 천만의 말씀이다. 내가 왜? 물론, 술 많이 먹는 거 자랑거리 아니다. 그러나 70살 넘어서 여전히 20대처럼 마실 수 있다는 건 아주 쪼금 자랑꺼리일 수 있다. 더구나 다음 날 일체 숙취에 시달리는 법 없이 생업에 종사할 수 있다면 더욱 그렇다. 그리고 거기엔 대부분 마누라 잔소리가 뒤따른다. 그래서 매년 건강검진에 떠밀린다. 잔소리 줄일 수 있는 절호의 기회다. 그때마다 20대와 똑같은 수치였다. 그게 사실이라면, 그건 자랑을 나무라기 이전에 어떤 철학의 결과인지를 숙고해 봐야 한다. 잘난 척으로 몰아세우지 말기 바란다. 곧 그대도 그리될 것이기 때문이다.

이런 능력들을 나는 제주력이라고 표현했고 지금 그 배경을 이야기하는 중이다. 다시 말 하지만, 이건 마음만 먹으면 누구나 얻을 수 있는 것들이지 절대 특별한 것이 아니다.

지금 내 20대 동기생들 나이 때는 누구나 사정없이 퍼 마신다. 그리고 그 다음은 어떻게 될지 아무도 모른다. 결석일 수도 병원에 실려 갈 수도 있다. 시니어들 역시 그 나이 때 똑같았다. 누구나 그렇게 시작해서 술에 대한 처리 노하우를 하나씩, 둘씩 체득해 간다고 생각한다.

항상성의 도움으로 그런 일들이 가능하다. 생물은 다양한 환경 변화에 대응해야 살아남는다. 어떤 생물이든 그 생존에 필요한 일정한 상태를 스스로 유지하는 성질이 항상성(恒常性, Homeostasis)이다. 쉽게 말하면 술을 계속 많이 먹는 사람은 그것에 비례하여 알코올 분해효소의 분비도 증가한다. 처리 속도와 간세포 재생도 빨라진다. 이 경우만이 아닌 모든 생명 유지를 위해 신이 베푼 기능이다.

똑같은 알코올 량을 섭취했다고 가정하자. 들여다보면 실핏줄이 보이는 야들야들한 주니어들의 창자다. 이제 겨우 기능을 시작한 말랑말랑한 간이다. 이걸로 무지막지한 알코올을 분해시켜야 하는 경우다. 반면, 수십 번의 재생으로 보호막이 두툼해진 시니어들의 창자다. 수십 가지 다양한 종류의 알코올을 분해해 본 노하우로 무장된 간이다. 기능이 절대 같을 수 없다. 타당하지 않은가? 뭐든지 쓰면 단련되고 하면 는다.

나와 우리 과 어린 친구들의 술자리 뒤끝이 서로 다른 원인이며 '애들 약 먹으면 어른이 죄'에서 내가 자유로울 수 없는 이유다.

서두에서 이미 완벽한 제주력이 무엇인지 적어 놓았다. 귀하도 나를 따라 하던 지 아니면 다른 어떤 능력을 더 필요로 하면 그것을 추가해도 무방하다. 다만 얻고자 하는 것을 명확한 개념으로 정의해두자. 그리고 얻었을 때의 효과를 미리 상상해 보는 것이 좋다. 일종의 갈망일 수도 있다. 그걸 얻고 난 후에 내가 얼마나 행복할지 얼마나 뿌듯할지 그간의 실수들을 이제는 영원히 잊어버릴 수 있다는 자신감들을 상상해 본다. 내 목표를 다시 한 번 나열해 본다.

①술의 양에 제한이 없을 것(건강에 부담이 될 정도면 자동으로 술맛이 떨어질 것-ㅇㄱㄹㅇ(이거레알: 이거 사실이다라는 동기들 은어다.)

②종류에 제한이 없을 것(선호하는 것이 있는 것은 무방함)

③기분 좋게, 유쾌하게, 평화롭게 즐길 것

④주력이 약한 이를 배려할 것

⑤다음 날 숙취가 전혀 없을 것

이런 등의 목표를 세운 것이 아마 CTM(Counter Time Movement) 훨씬 이전 50대 중반쯤이었을 것이다. 그때는 무슨 철학이나 지금 설명 중에 있는 논리가 있어서가 아니었다. 차마 고백하기 난처한 술 때문에 생긴 연이은 추태를 면해 볼 방법을 고심하던 때였다.

처음엔 술을 끊었다. 그런데 그게 여의치 못했다. 또 끊었다. 그러나 성공하지 못했다. 그래서 방법을 달리했다. 주량을 의지적으로 줄이고, 간에, 주독에 좋다는 것들을 열심히 챙겨 먹어 봤다. 결과는 늘 허망했다. 무언지 실수를 한 것 같은데 생각이 나질 않는다. 머리는 빠개질 것 같은데 아침밥은 모래알 씹는 것 같다. 늘 수습해야 할 뒤탈이 남아 있었다. 어느 날 모진 결심으로 "술 마시면 개새끼."라고 책상 앞에 써 붙였다. 며칠은 지낼 수 있었다. 그러다가 마침내 어쩔 수 없었다는 핑계가 나를 이긴 날, 또다시 꼭지가 돌아 버렸다. 쇠사슬에 목을 졸리듯 한 갈증으로 아침을 맞았다. 참담하지만 개새끼일 수는 없어서 "안 마시면 쥐새끼."라고 밑에 쓴 기억이 난다.

어느 날 직장 동료들과 2차까지는 생각이 나는데 아침에 일어나 보니 회사 앞에 있는 지하도였다. 여름철이어서 다행이지 겨울이었으면 동태가 되었을 것이다. 그 시절엔 전철이 없었다. 아침에 눈을 떠보니 사람들은 왔다 갔다 하는데 내 꼴이 가관이었다. 넥타이가 이마에 매어져 있었다. 옆 벽면에는 "시민은 깨끗하다!"라는 표어가 붙어 있었다. 당시 사람들이 담배꽁초를 아무 데나 버리지 말도록 계몽 하는 용도다. 기겁을 해서 대충 현장을 수습하고 부랴부랴 출근했다.

어쨌거나 지각은 면한 것을 다행이다 생각하고 일을 하고 있는데 여직원들이 나만 보면 실실 웃었다. 경리부 미스 김이 그만 내 꼬락서니를 보고 만 게 원인이었다. 이 밖에도 말 못할 사연들이 많았지만 한 마디로 정리하고 넘어 간다. "과거를 묻지 마세요."

드디어 내가 제주력을 얻을 수 있다는 확신을 가지고 CTM의 세부를 다듬던 어느 날, D-Day를 맞았다. 거두절미하고 아크로폴리스를 올랐다. 파르테논 신전의 육중한 문을 밀고 들어가서 디오니소스 주신과 마주 앉았다. 이하는 그와의 대화다.

"왜 그대는 그렇게 절실하게 제주력을 얻으려 하는가?"

"술집 여자인줄 알고 친구 마누라 엉덩이를 두드렸다가 귀싸대기를…"

"진짜 왼뺨을 내미는지 보려고 술김에 목사님 오른쪽 뺨을 냅다 갈겼다가…"

"시골 친구 집 황소 코쭝배기에 만화책에서 본대로 헤딩을 했다가 뿔에 떠 받혀서 죽을 뻔…"

"지하도에서 자고 있는 걸 누군가 보고 동네방네…"

"못 말리는 인사로다. 머리털 한 오라기를 뽑아 놓고 가거라."

"무슨 말씀이시온지…?"

"네 놈 DNA의 염기서열을 분석해 봐야 딱 맞는 처방을 할 것이 아니겠느냐?"

"참으로 박식하시옵니다. 그저 황송…"

그 다음날 득달같이 주신으로부터 물약을 얻어왔다. 수정같이 투명하다. 한 방울 떨어뜨리면 은은한 향기가 있다. 그렇게 진하지는 않다. 언젠가 맡아본 달맞이꽃 향 같다. 생김새를 전해보자. 크기는 여성들의 립스틱 케이스보다 조금 크다. 밑이 약간 통통해서 손 안에 딱 들어온다. 위에 꼭지가 달렸다. 우측으로 90도 비틀면 안에 것을 한 방울 떨어뜨릴 수 있다. 좌측으로 90도 돌리면 이번엔 스프레이를 할 수 있다. 이건 의심스러운 술안주에 도포하는 용도다. 오래전 생선회를 먹고 두드러기로 고생한 경험 때문에 특별히 부탁한 것이다. 몸체는 꿈의 소재, 그래핀으로 만들어져 있고 꼭지는 스텔스 기능이 있는 티타늄이다.

술잔에 한 방울, 물잔에 한 방울씩 떨어뜨려가며 마셨다. 술병에도 한 방울 넣을 때도 있었다. 너무 기름지거나 신선도가 의심되는 안주에는 한 번 쉬~익 스프레이로 뿌렸다. 술에 취기가 오르는 건 분명한데 입안과 뱃속까지 시원해진다.

자신있게 말한다. 그날, 난 확실한 제주력을 얻었다. 요즘의 나는 아예 술잔에 영약이 알아서 한 방울씩 들어가도록 자동화시켜 놓아서 이젠 신경 쓰지 않아도 내가 세운 목표를 벗어나는 법이 없게 되었다. 이걸 주신으로부터 받아올 때 그가 한 말을 특별히 귀하에게만 공개한다.

"너는 인간이니 수명이 있을 것이다. 이걸 계속 사용하다보면 스스로 네가 세상을 떠날 때를 알게 될 것이다. 그 전에 필히 반납할 지어다."

여부가 있겠는가. 그저 황송하고 망극할 따름이다. 그대에게도 필요한 것이라면 즉시 시작하면 된다. 여기까지 이 책을 읽은 내공만으로도 문제없다. 어려울리 없고 누구나 가능하다. 딱 한 가지만 단서를 붙인다. 알코올에 알레르기 반응이 있는 경우는 장담할 수 없다. 그래도 어느 정도 효과가 있는 것을 몇 번 경험해 보긴 했다. 그러나 최소한 생리적으로 술에 거부반응이 없는 것을 전제로 하는 사람에게 권한다.

혼술로 양을 조금씩 늘려가며 시험해 보시라. 처음은 술과 물을 준비한다. 술 석 잔이면 물 한 잔을 마신다. 3:1 비율로 시작한다. 앞서 가지 마시라. 이건 알코올 희석의 개념이 아니다. 그대가 마련한 영약을 술 한 잔에 딱 한 방울, 물 한 잔에도 한 방울 떨어뜨린다. 마임으로 넣는다. 그리고 맛을 음미하며 마셔 본다. 장담컨대 즉시 맛이 전과 다른 것을 느낀다. 이번엔 향기를 느껴본다. 주변에 퍼지는 향기까지는 그대의 내공으론 아직 이르다. 그러나 곧 된다. 그러나 술잔과 물잔에서는 당일 맡을 수 있다. 나는 3번 정도 시도에 술과 물의 비율을 10:1로 바꿨다. 지금은 굳이 물이 필요 없다.

그대의 제주력이 확실해 지는 날, 같이 축하주를 나눌 준비를 하고 있을 것을 약속한다. 그리고 한 가지 더 있다. 여기에선 밝히지 않지만 술이 약한 하수(下手)를 남모르게 도와줄 수 있는 방법도 있다. 여러 번의 검증을 거친 것이다. 난 이런 경우, '고수랑 같이 마시면 하수라도 술이 강해지는 법'이라고 얼버무리고 만다. 그것도 전수해 줄 작정이다.

5. CTM은 초 고령사회의 노인 문제를 해결할 대안이 될 수 있다.

사실 이 문제는 이 글을 쓰는 목적의 모든 것으로 귀일될 수 있다. 우선 문제부터 들여다보자. 중앙치매센터가 3월 20일 발간한 『대한민국 치매 현황 2018』에 따르면 우리나라 65세 노인 인구 중 치매 환자는 70만5473명이다. 전년도 같은 조사(66만 1707명)보다 4만 명이 넘게 늘었다. 보고서에 따르면 2017년 우리나라 치매 유병률은 10%다. 직전 조사의 경우 9.8%였는데, 처음으로 10%를 넘어섰다. 이는 65세 이상 노인 10명 중 1명이 치매를 앓고 있다는 말이다. 센터는 치매 환자가 2024년에는 100만 명을 넘을 것으로 내다봤다.

노인을 대하는 사회적 인식도 변했다. 통계청 『한국의 사회동향 2018』에 따르면 부모를 누가 모실 것인가라는 질문에 가족이라는 응답은 26.7%로 십 년 전(40.7%)에 비해 14% 낮아졌다. 실제로 노인 독거 가구는 현재 23.6%로 십 년 전보다 3.9% 늘었다. 이제는 주변에서 독거노인을 발견하는 일이 어렵지 않게 돼 버렸다. 도시에서도 TV에 나오는 "나는 자연인이다"를 흔하게 볼 수 있게 되었다.

가족과 더불어 정부, 사회가 책임을 져야 한다는 응답이 48.3%로 가장 높았다. 이유로는 가정의 힘만으로 부양이 어려워졌기 때문이다. 2017년 기준 3개 이상의 만성질환을 가진 노인비율은 51%에 달했다. 2008년에 비해 20.3% 늘어난 것이다. 남녀평균수명 82.7세(2017년 기준)가 그리 바람직한 것이 아님을 보여준다. 유병장수다. '빛 좋은 개살구'인 셈이다.

이와는 또 다른 문제도 매우 심각하다. 2018년 12월 크리스마스 얼마 전에 미국 CNN 방송은 한국 노인 범죄의 급증을 다룬 특집기사를 홈페이지에 톱기사로 올렸다. "한국에선 10대 보다 노인을 조심하라"로 시작된 기사에선 경찰청 통계가 인용되었다. 65세 이상 노인 범죄가 지난 5년 동안 45%, 살인-방화-강도-강간 등 강력범죄는 70.2%가 늘었다. 그리고 재범률도 일반(20%) 보다 노인들이(30%)로 더 높다는 점도 지적했다. 희망이 사라진 자포자기에서 비롯된 것일 수 있다. 막다른 골목으로 내몰린 이들이, 불특정 다수를 향해 분노를 폭발시키면, 이건 정말 생각만 해도 끔찍하다.

이 나라 경제 발전의 주역이었던 노인들이 사회로부터 대책 없이 소외되었다. 그리고 젊은 세대와의 갈등도 심화되었다는 것들이 원인으로 지적되었다. 이 세상에는 '내가 누군지 알아?'라고 할 형편이 안 되는 시니어들이 대부분이다. 그렇다고 '너 나이가 몇이냐?'라는 소리로 주니어를 누르려 해서는 절대 안 된다.

주니어들과 나이 차이, 그거 대단한 거 아니다. 4만 년 전부터 1만 년 전까지 인류인 크로마뇽인의 평균 수명은 18세였다. 2,500년 전인 그리스 로마 시대는 25세였다. 그때는 그 나이에 다 어른 노릇하며 살았다는 말이다. 지금의 80세를 미래에서 보면 이와 똑같을 것이다. 현재 구글(Google)은 500살까지 수명을 연장하는 연구를 진행 중이다.

2013년 9월, 미국 시사주간지 타임의 커버스토리는 '구글이 과연 죽음을 극복할 수 있을까?'였다. 결론은 '극복한다'였다. 인류는 죽음의 메커니즘을 파악했다. 이제 죽음은 기술의 문제로 압축되었다. 대부분의 미래학자들은 2050년경이면 인류는 더 이상 질병으로 죽지 않는다고 한다. 2016년 8월, 일본 국립장수연구소는 유전자 조작으로 쥐의 폐를 젊게 하는 데 성공했다.

재수 없으면 150살이 아니라 200살 살게 될지도 모른다. 우리는 어떻게 준비해야 할까? 지금도 생각하면 씁쓸한 기억이 난다. 2012년 대선 후 갈등 심화의 해결책으로 "노인층의 투표권을 제한하자"는 얼빠진 자들이 있었다. 12월 23일자 신문에 노인들 지하철 무임승차를 폐지하자는 주장과 함께 보도된 사실이다. 이게 7년 전의 일이니 그자들도 지금쯤 60을 바라볼 테고 앞으로 5~6년 후면 노인으로 분류될 것이다. 그걸 대책이라고 쓴 자에게 남긴다. "부디 건강하게 150살까지만 살아다오."

원래 노인의 정의는 아주 오래 전 독일에서 규정된 것이다. 지금 고령화 사회의 기준인 65세 이상이 인구의 14%를 점한다는 것의 모태다. 난 10년 안에 이 기준이 무의미 해질 것이라고 장담할 수 있다. 우리 사회나 정부가 그 기준에 맞추어 대책을 마련한다면 곧 무용지물이 될 것이다.

　지금 같은 정책과 소극적인 대처는 우리가 전혀 겪어보지 못했던, 4차 산업혁명형, 시한폭탄의 폭발로 이어질 가능성이 매우 크다. 4차 산업혁명의 정의 중 하나는 예측이 불가능하다는 것이다. 따라서 뇌관이 어디에서 점화되어 어떻게 폭발할지 아무도 모른다는 말이 된다. 그것을 막으려고 하거나 결과를 책임질 수 있는 어떤 집단이나 조직도 나는 아직 모른다.

　요즈음엔 좀비들이 출몰하는 영화들이 유행이다. 사회가 해결하지 못한 노인들이, 살아도 산 것이 아니고 죽어도 죽은 것이 아닌 사회적 좀비가 되는 끔찍한 상황은 반드시 막아야 한다. 더구나 일단 좀비가 되면 또 다른 좀비를 기하급수적으로 늘리는 첨병 역할을 하게 된다. 그래서 더 무섭다. 귀하도 이 생각에 동의한다면 같이 힘을 모아 대책 마련을 고민해 볼 것을 제안한다. 아주 작은 것이라도 서로 할 수 있는 어떤 것이 있다면 난 망설이지 않을 준비가 되어 있다. 무엇이 되었든 함께 할 사람들이 있다면 내 메일 주소를 남긴다. moonriver7788@naver.com

나는 CTM을 이용하여 시니어들의 '정신적 노후 대비'가 가능한 것을 직접 체험했다. 경제적 대비를 무시해도 좋다는 뜻이 아니다. 경제적인 것만이 전부가 아니라는 강한 반론이다. 개인의 입장에서나 사회적 합의에서도 우선 고려 대상이 정신적 준비에 있어야 한다는 생각이다. 그리고 노인에 대한 사회적 인식도 현 시대에 맞게 바뀌어야 한다고 본다.

문제 해결의 시작은 어떤 대책여부 이전에 우선 각자의 정신적 노후준비에 있다고 생각한다. 40~50대부터 서둘러야 한다. 그것이 사회적 동의를 얻고 그런 목적의 정신적 재교육이 실시되어야 한다고 믿는다. 이 주장이 받아들여질 수 있도록 나는 증거를 모으고 있는 중이다. 정신의 힘으로 해결할 수 있다는 인식과 노인에 대한 사회적 정의를 다시 내리는 것이 필요하다고 보기 때문이다.

요즘 70~80대 노인들은 예전에 정의된 의미와 많이 다르다. 자기 몫을 너끈히 해낼 수 있는 사람들이 아주 많다. 그들의 황금 같은 경험과 아직은 쓸 만한 노동력을 무시해서는 안 된다. 양질의 노년층 노동력을 방법만 제대로 선택한다면 충분히 확보

가능하다는 것을 간과해서는 안 된다.

    금년 2월 27일자 통계청이 발표한 2018년 우리나라 출산율은 0.98명이다. 과거 동독 붕괴와 같은 극단적 국가 위기상황을 빼면 전 세계에서 처음 있는 일이다. 인구 학자들은 최소한 2.1명은 되어야 인구가 유지된다고 본다. 우리는 그 절반에도 미치지 못한다. 사실 국가의 존폐를 걱정해야 할 심각한 상황이다. 여기에 비생산 인구이면서 마지막 남은 생의 의미를 상실한, 대책 없는 노인들 문제가 맞물리면 어떤 일이 벌어질 수 있을까? 더 늦기 전에 무엇이던 같이 머리를 맞대야 한다고 생각한다. 만약 65세에서 80세까지의 노년층이 다시 사회에 생산가능인구로 복귀할 수 있는 방법이 있다면 거기에서 생산되는 것만으로도 저출산 문제를 너끈히 해결할 수 있다고 본다.

    난 이번 대학생활을 통해서 20대 초반의 젊은이들과 직접 몸으로, 머리로 부딪치고 살아봤다. 그 현장에서, 시니어들이 주니어들보다 유리한 점들이 생각 외로 상당히 많다는 사실을 확인할 수 있었다. 어쩌면 우리가 겪어야 할 문제들을 해결할 수 있는, 실마리가 될 수 있지 않을까 희망도 품어본다. 기존의 사회적 통념이 좀 더 긍정적으로 바뀌길 바라며 열거해 본다.

　시니어는 창의력, 논리력, 비판력에서 주니어보다 훨씬 더 뛰어나다고 생각한다.

　논리력이나 비판력은 월등한 실전 경험이 있으므로 몸만 따라 준다면 쉽게 동의가 될 것이다. 그러나 창의력에 대해서는 갸우뚱할 사람이 있을 것 같아 부연 설명해 보자. 잠시 학교로 돌아가 본다.

　요즘 스펙보다 더 유용한 점수인 "국가 직무 능력 표준"이라는 것이 있다. 공기업은 물론 전국 대학생 누구나 필수로 이수해야 하는 국가적 권장 과목이다. 총 10가지의 직업 기초능력을 위한 것이다. 그중 내가 100점 만점으로 이수한 『문제 해결 능력』 교재 45쪽에서 인용해 본다.

　"창의적인 사고란 당면한 문제를 해결하기 위해 이미 알고 있는 경험과 지식을 해체하여 다시 새로운 정보로 결합함으로써 가치 있고 참신한 아이디어를 산출하는 사고"라고 적혀있다. 이어 이것은 정보와 정보의 조합이어서 다음과 같은 실례를 들어 이해를 돕고 있다.

－쇳덩어리 1kg 1개를 그대로 팔면 5달러

－말발굽을 만들어 팔면 10달러 50센트

－바늘을 만들어 팔면 3,285달러

－시계 부속품인 스프링을 만들어 팔면 25만 달러

결론적으로 5달러와 25만 달러의 차이, 이것이 창의력이다, 라고 기술되어 있다.

다른 예도 하나 더 들어보자. 전 명지대학교 인문교양학부 교수이고 매스컴을 통해 대중들에게 많은 사랑을 받고 있는 김정운 교수의 저서 『에디톨로지』에도 창의란 무에서 유를 창조하는 것이 아니라 기존의 것들에서 편집(Editing) 하는 것이라는 주장이 여러 예를 들어가며 설명되어 있다. 당연히 시니어들이 월등히 유리한 분야일 수밖에 없다는 반증이다.

문제는 새로운 것에 대한 시니어들의 소극적 태도다. 컴퓨터, 스마트폰, 4G, 5G, QR code, 폰 결제 시스템 등 새로운 것들에 적극적인 관심을 가지고 직접 사용해 보기를 권한다. 아무리 새로운 것이라도 어느 날 하늘에서 뚝 떨어지지는 않는다. 주니어들에게도 처음 보는 건 처음 보는 것이다. 왕성한 호기심을 놓지 않으면 얼마든지 따라갈 수 있다. 그렇게 되면, 관습적으로 무시당했던 시니어들의 창의력이 다시 사회에 재공급될 수도 있지 않을까.

내 대학생활의 한 단면도 예로 들어 본다. 교과목에 영국인, 로빈슨 교수의 원어민 영어가 있다. 이분은 학기말 과제로 성적의 30%를 배정하고 매 학기마다 4명이 조를 지어 촬영한 영어 비디오를 제출하도록 한다. 한 5~6분간의 분량이다. 마치 한 편의 영화를 만드는 것과 같은 것이다. 모든 언어는 영어이고 자막도 들어가야 한다. 일인당 대사가 1분을 넘어야 하고 아이디어나 촬영기법, 연기력, 화질까지 본다. 채점은 영국식으로 얄짤없이 칼 같다.

1, 2학기 모두 나 역시 조를 지어 과제를 만들었다. 처음엔 당연히 내 동급생들이 톡톡 튀는 아이디어를 내겠지 생각했다. 어디서 어떻게 촬영하는 문제만 생각하고 있었다. 그런데 아무리 독촉하고 응원하고 술도 사주고 해도 나오는 게 없다.

이러다간 우리 조가 미달 점수를 받을 것 같았다. 특히 내가 있어서 더욱 핑계가 되면 어떡하나 걱정이 될 수밖에 없었다. 할수 없이 내가 나서기로 했다. 그것의 제목이 "보물섬"이다. 지금 생각해도 아이디어가 그냥 쓸 만하다.

보물섬의 내용은 이렇다. 우리 조원 4명 중에 준영이로부터 출발이다. 그는 어느 날 할아버지의 유품을 정리하다가 이상한 지도를 발견하게 되는데 그게 할아버지가 남기신 보물지도라는 확신이 들었다. 큰형님인 내게 이야기 했지만 웃기는 소리로 취급되었다.

그러나 모두가 나서서 나를 설득한 끝에 우리는 카누를 타고 보물을 찾으러 간다. 카누는 작년 여름 찜통더위를 무릅쓰고 내가 직접 만든 것이 동원되었다. 이걸 타고 섬에서 보물을 찾는 설정이다. 마침내 보물 상자를 찾아서 열어보니 할아버지가 준영이에게 쓰신 편지와 옛날 부채 한 개가 나왔다. 편지에 왈,

"네가 24살 즈음에 노랑머리에 파란 눈을 가진 이상하게 생긴 자가 네게 제 나라말을 가르칠 것이다. 이 부채를 그자에게 주어라."

그 부채에는 앞면에 물고기 등이 민화 풍으로 그려져 있고 뒷

면에는 영어로 이렇게 쓰여 있었다.

"Mr. Robinson, choose one of them. Giving A+ credit to my grandson and his friends or your worst nightmare every night."

"로빈슨 군, 하나를 선택할 지어다. 내 손자와 친구들에게 A+ 학점을 주거나 밤마다 지독한 악몽에 시달리거나."

그리고 끝 부분에 우리들 한 명씩이 밤에 귀신처럼 분장을 하고 스마트폰 후레쉬를 밑에서 비추면서 귀신이 부르는 듯 "로비이인스으은"이라는 것으로 끝을 맺는다.

영어로 감독과 출연진이 소개되고 옛날 팝송인 "Hello, Mrs Robinson" 노래가 흘러나온다. 그리고 성룡 영화에서 흔히 끝에 나오는 엔지 장면들이 나오면서 6분짜리 영화가 끝이 난다. 이 아이디어는 내가 시니어이기 때문에 가능한 것이었다. 보물섬이라는 책을 읽은 것에서, 미시스 로빈슨이라는 팝송을 아는 것에서, 카누를 직접 제작하고 타 본 경험에서, 보물섬을 향해가는 카누 대열을 드론으로 찍어 본 경험 등에서 나온 것이기 때문이다.

2018학번 새내기들의 5분짜리 영어 과제물 영상이다. 당신도 구명조끼를 착용하고 우리 조의 일원이 되어 함께 해 볼 것을 권한다. 당연히 제트 세대의 수준으로, 정신연령으로 참여를 부탁드린다.

아래의 유튜브 영상으로 우리와 함께할 수 있다.

URL: https://youtu.be/RAvZ9Z9Ejxs

태그: 시간 거꾸로 돌리기 보물섬, CTM TREASURE ISLAND

그 후, 소품으로 쓰였던 부채는 우리 4명이 각각 한 마디씩 써서 곱게 포장 한 후, 그 무렵이었던 '스승의 날' 선물로 대체되었다. 당연히 모두 과제에서 A+를 받았다. 그리고 나는 중간 및 기말시험, 출결상황 등에서 하나도 빠진 것이 없어 종합점수 만점을 받았다. 초등학교 때 이래로 수십 년 만에 받아 본 100점이었다.

이 나이가 되었어도 점수를 확인하는 순간, 제일 먼저 떠오른 사람은 어머니였다. 주책이다. 그러나 들고 가서 자랑할 어머니는 이미 내 곁에 안 계시다. 내 초등학교 저 학년 시절엔 공책이나 시험지에 붉은 색연필로 동그라미 다섯 개를 과녁처럼 그려준 것이 100점이라는 뜻이었다. 동그라미 한 개가 20점인 셈이다. 어쩌다 다섯 개짜리를 들고 집에 가는 날도 있었다. 어머니가 그렇게 좋아해 주셨는데 점점 횟수가 줄다가 아예 실종돼 버렸다. 몹쓸 자식이었다. 어머니! 우리 시대의 모든 어머니들은 다 소설이다.

그날은 별수 없이 마누라를 구슬려서 술안주 한상을 잘 받았다. 사실 교수의 주관적 채점이 많은 대학에선 만점을 받기가 어려운데 난 과제물 덕을 톡톡히 본 것 같다. 과제물의 총평이 있던 날, 로빈슨 교수는 자기가 17년 동안 학생들에게 똑같은 과제를 냈는데 그중에서 우리들 것이 최고였다며 찬사를 아끼지 않았다.

물론 이 아이디어 한 개로 내 주장을 뒷받침 하자는 건 당연히 아니다. 그 후 다른 과목의 과제를 포함해서 내 아이디어가 채택되어 만점을 받은 게 7~8개가 된다. 그 이유가, 나라는 개인보다 시니어로서의 풍부한 경험에서 나온 결과들이다. 주니어들 보다 훨씬 유리할 수밖에 없다는 말이다. 우리 과 친구들은 나 하고만 엮이면 무조건 과제물에서 만점을 받는다고 생각한다. 처음엔 쭈뼛쭈뼛 하던 녀석들로부터 이제는 다음 번 과제를 함께 하자는 몇몇의 오퍼를 받아 놓고 있다.

6. CTM을 지속시키기 위한 권유(슈퍼 시니어가 되는 법)

서두에 말한 대로, 이 글은 내 친구들이 읽어주길 바라는 마음으로 썼다. 그러다보니 어쩌면 일종의 '계로록'으로 볼 수도 있다. 이런 핑계로 나름의 제목을 붙이고 몇 가지 권유해 보려고 한다. 더 많은 슈퍼 시니어들이 나오길 바라는, 내 기원도 함께 담는다.

계로록이라면 동서양을 막론하고 고전에서 현대물까지 다양하다. 그러나 먼저, 근래 많이 읽힌 『나는 이렇게 나이 들고 싶다』가 떠오른다. 일본 작가 소노아야코가 쓴 책이다. 여성의 섬세한 시각이 돋보이는 책이다. 구석구석 시시콜콜 잘도 지적해놓고 있다. 그것대로만 늙으면 누구를 막론하고 매일 업어주고 싶은 시니어가 될 것이 틀림없다. 귀하에게도 한 번 읽어보기를 권한다.

그러나 CTM과 연결된 내 방식은 성격이 조금 다르다. 그리고 언감생심 계로록이라면 먼저 수양이 된 자가 써야 맞다. 그런데 나는 모자란 부분이 너무 많은 관계로 그냥 권로록(勸老錄)이 좋다. 제목은 '슈퍼 시니어로 사는 법'이라고 붙였다.

1) 양심에 따라 살자

말했다시피 난 종교가 없다. 내 신앙은 오직 양심이다. 총 7가지를 권해 볼 텐데 제일 먼저 '양심'을 택한 이유는 간단하다. 이게 우선 바탕이 되어야 한다. 그렇지 않으면 실천하는 동력이 100% 발휘되지 않는다. 내가 떳떳하면 목소리가 담장을 넘어도 거리낄 것 없다는 옛말이 있다.

양심의 세계에는 '내로남불'이 통하지 않는다. 내가 한 것이 로맨스였다면 남이 한 것도 로맨스다. 남이 한 것이 불륜이라면 당연히 내가 한 것도 불륜이다. 자신이 무언가 찜찜함을 감추고 있다. 그러면서 옳다 그르다 하면, 자연히 말이 더듬어지고 혀가 꼬이게 마련이다. 양심에 떳떳하면 천하에 두려울 것이 없다. 눈 내려 깔 일이 없다. 혀 꼬부릴 이유도 없다. 머리 수그릴 이유 역시 없다. 그래야 물귀신도 예쁜 여인으로 보이는 법이다.

이른 아침 산책길에서 돈을 주웠다. 누가 흘리고 간 걸 목격했다면 간단하다. 소리쳐 주면 된다. 그런데 아무리 주위를 둘러봐도 아무도 없고 단지 길에 돈만 떨어져 있다. 만 원짜리 한 장이다. 별 수 없다. 그냥 지나치지 말고 주워서 내가 쓴다. 그러나 내가 쓰는 당위성을 확보해야 한다. 남이 주운 것보다 바람직하게 써야 한다. 최소한 친구들에게 점심이라도 사야 응어리가 남지 않는다.

이번엔 5만 원짜리다. 이건 약간 곤란하다. 다시 한 번 주위를 살펴 주인을 찾는다. 없다. 할 수 없이 줍는다. 그러나 내 양심을 돈에 팔지는 않는다. 억만금을 준대도 이것만큼은 자신 있다. 구세군 자선냄비가 없는 계절이면 무조건 어느 곳엔가 기부한다. 그냥 지나치고 말아도 되지만 다른 사람의 경우, 나처럼 쓴다는 보장이 없어서이다. 그래서 줍는다.

이번엔 10만 원이다. 이건 볼 것도 생각할 것도 없다. 가장 가까운 파출소에 시간과 장소를 적어 맡기고 잊어버린다. 이걸 잃어버리고 속 탈 사람을 그래도 나 보다는 경찰에서 찾기가 쉬울 테니 말이다. 내 1학기 과목 중에 '인성과 진로'라는 것이 있었다. 과제 중에 "당신은 좋은 사람입니까?"라는 물음이 있었다. 난, 자신 있게 그렇다고 대답했다. 이유는 양심을 지키며 살고 있기 때문이라고 썼다. 누가 나더러 과거에도 그랬느냐고 물으면 No. 많이 부끄럽지만 No다. 그러나 이렇게 묻는다면 Yes다. "당신은 지금 양심에 따라 살고 있으며 앞으로도 그렇게 살 자신 있습니까?" 누가 언제 물어도 즉시 대답할 수 있다. Yes!

좋은 사람이냐를 물은 과목은 점수를 주는 과목이 아니다. 단지 Pass or Not으로 표기된다. 인성을 점수로 매길 수는 누구라도 불가능하기 때문이다. 물론 모두 Pass를 받는다. 그러나 나는 이 과목을 강의한 이현수 교수님과 틈틈이 대화도 갖고 몇 차례 개인적 이메일도 주고받았다. 내 어린 동기생들에게 어떤 것보다도 꼭 필요한 과목으로 생각되었기 때문이다.

내가 글쓰기 공모전에 낸 글 마지막에 '인문학이 사라진 대학이 앞으로 치러야 할 대가가 적지 않을 것'임을 지적한 것은 바로 이런 과목이 없어지기 때문이었다. 취업 전략을 가르칠 수밖에 없는 현실을 조금만 더 거시적으로 보면 결국 '인성'이 한 수 위임을 믿기 때문이다.

시간강사법 등 무슨 이유인지는 모르겠지만 이 교수님은 학교를 떠났다. 지금도 많이 안타깝다. 얼마 전 신문에서, 부산지역 대학에서 시간강사들의 파업 기사를 읽었다. 이 법의 모순이 드러나는 조짐이다. 한 마디로 정치권의 책임이다. 전선 줄 위에 참새 열 마리가 앉아있다. 그중 한 마리를 총으로 쏘아 잡으면 아홉 마리가 남지 않는다. 전부 날아가 버리기 때문이다. 이런 법을 만드는 경우, 제발 AI(인공지능) 에게라도 물어 볼 일이다. 모든 피해가 결국 학생들에게 부메랑으로 돌아올 것이 걱정된다.

2) 무한 긍정 속에 살자

내가 보고 자란 어른들은 우리들이 뭐 좀 자신 있는 큰소리를 칠라치면 '입찬소리'말라며 그걸 자르곤 했다. 참 못된 습성이다. 그대는 절대 그런 말도 생각도 하지 마시라. 치맥 시켰는데 다리 하나 더 들어 있으면 삼족계 먹은 것이다. 7만7천7백 원어치 주유하는 것이 습관 되면, 그것이 언젠가 그대를 카지노의 스타로 만들어 줄 것이다. 무언가 시작할 땐 큰소리부터 쳐라. '까치 뱃바닥 같은 흰소리' 말이다. 그리고 그걸 믿어라. 안됐을 때 계면쩍을 일은 미리 생각할 필요가 없다. 그대의 양심에 거리낄 것만 없다면 문제없다.

3) 모든 일은 스스로 하자

이건 다른 말로 하면 남에게 의지하지 말라다. 집에서 분리수거 할 때, 마누라 부르지 마시라, 두 손에 들고도 모자라면 입에 물어라. 그래도 모자라면 줄에 꿰어 양쪽 귀에 걸면 된다. 내가 먼저 가면 모르지만 만약 마누라 먼저 떠나면 어차피 할 일이다. 미리 연습해 놓는 게 좋다고 생각하자. 대부분의 일들은 젊었을 때와 별 차이 없이 처리할 수 있다. 그걸 믿지 못하면 그냥 못하는 거다. 위에 열거한 실험을 통해서도 입증되었다. 의존하자마자 즉시 생활 능력이 감퇴되는 것을 명확히 알 수 있었다. 의타심을 자존심과 반비례로 묶어두자.

청어의 법칙도 기억해 두자. 산 좋고 물 좋은 게, 좋은 거 다 안다. 아놀드 토인비는 척박한 환경이 오히려 문명을 살아남게 했다는 것을 입증했다. 적당한 어려움은 더 좋은 결과를 낳는 황금오리일 수 있다. 그리고 이것이 정신건강의 원형질이다.

4) 왕성한 호기심을 가져라

대책 없이 매사에 궁금해 보시라. 도무지 이해 안 되면 알아질 때까지 파고들어보자. 지나가다 사람들이 모여 있으면 왜 그런지 나도 좀 알아두자. UFO가 정말 있는지도 알아보자. 제임스 카메룬 감독의 '아바타' 다음 영화는 무엇이 될지도 궁금해 보자. 저출산 고령화를 나더러 풀어보라면 어떻게 할지도 생각해 보자. 언젠가 노인들의 투표권을 제한하는 법이 추진되면 어떻게 대처해야 될지도 미리 생각해 두자.

국민들에게 월급 3백만 원씩 주는 것이 어떠냐고 국민투표에 붙였다. 78% 반대로 부결시킨 나라가 스위스다. 어떻게 그럴 수 있었는지 알아보자.

이게 스스로 인싸(insider)가 되는 첩경이다. 소통의 통로를 다변화 할 수 있다. 그리고 두뇌의 시냅스를 10에 5자승 정도 늘리는 길이다. 고스톱 치는 걸로는 천만의 말씀이다. 가능하다면 외국어도 하나 더 배우자. 어렵게 생각되면 '총명탕' 한 재 지어 먹고 시작하면 된다.

5) 입은 닫고 지갑은 열자

제발 자기 새끼들 화제에 올리지 마라. 자고로 자식 자랑은 팔불출이다. 할 테면 1분에 만 원씩 내라던 것이 이젠 만 원씩 낼 테니 하지 마라다. 노벨상 타면 그때 해도 된다. 지갑은 서부영화의 존 웨인처럼 빨리 뽑는 명사수가 되자.

6) 덕담과 칭찬을 입에 달고 살자

이건 위에 5번이 형편상 불가능할 때 대체 가능한 것이다. 열어 봤자 별 볼일 없는 지갑 속을 덕담과 칭찬으로 꽉 채우고 다니자. 그러면 언제가 지갑에 돈이 스스로 기어들게 만드는 길이다. 세련된 방법이면 더욱 효과적이라 귀띔해 본다. 이거 정말 남는 장사다.

칭찬의 요령에 대해서는 아주대학교 심리학과 이민규 교수의 『생각을 바꾸면 세상이 달라진다』에서 배워보자. '사람이나 상황에 따라 칭찬의 효과가 달라진다'는 소제목으로 이렇게 설명하고 있다.

"십여 년을 같이 살아 온 남편이, 그것도 습관적으로 칭찬을 하게 되면 맛이 떨어진다. 칭찬은 이해관계가 없다고 생각하는 사람한테 들을 때 더 맛이 난다. 이해관계가 있는 사람에게서 칭찬을 듣게 되면 저변의 의도부터 찾게 마련이다. '용돈이 필요한가?' '뭐 켕기는 구석이 있는가?'를 먼저 떠올리기 때문에, 칭찬을 칭찬으로 받아들이지 못한다.

그래서 칭찬의 효과는 의외의 상황에서, 그것도 예상치 못했던 사람에게서 받았을 때 더 크다. 다른 부서의 젊은 여사원이 우연히 만난 자리에서 '과장님의 옷맵시는 언제 봐도 산뜻해요.'라는 말을 건네는 것은 책 팔러 온 세일즈맨이 하는 인사말과는 사뭇 다른 기쁨을 준다. 유사하게 제 삼자를 통해 건네 들은 칭찬은 직접적인 대면관계에서 전달 받은 것보다 더 효과를 발휘한다.

다른 부서의 부장님이 '자네가 김 부장이 가끔 얘기하는 이 대리구먼. 말없이 일을 깔끔하게 처리한다고 그러던데.'라는 말을 하였다. 그런데 우리부서의 김 부장님은 평소에 칭찬한 적이 별로 없는 사람이다. 면전에서 듣는 칭찬도 나쁘지야 않지만 그것보다 제 삼자에게서 전해들은 칭찬이 더욱 감동적이다."

그러면서 효과적인 칭찬 방법 8가지를 이렇게 열거하고 있다.

①구체적으로 한다.
②간결하게 한다.
③남 앞이나 제삼자에게 칭찬한다.

④사소한 것을 칭찬한다.

⑤당사자 주변의 인물을 칭찬한다.

⑥우연 그리고 의외의 상황에서 칭찬한다.

⑦상대에 따라 칭찬 내용이나 방법을 달리한다.

⑧결과 뿐 아니라 과정과 노력을 칭찬한다.

어떻게 생각하시는가? 주머니가 가볍다면 이런 것들로 무장하고 사회에 임하자는 말이다. 평소에도 잘 연습해 둘 필요가 있다. 그렇게 사람들을 모으는 슈퍼 시니어이길 바란다.

또한 현대과학이 밝혀낸 자율신경계의 이런 특징으로도 설명이 가능하다. 언어와 관련된 것이다. 이 반응은 누가 누구를 비난하든 칭찬하든 관계가 없다. 단지 '현재 말을 하고 있는 사람'에 관한 일로 판단한다. "저놈은 망할 놈"이라고 말하면 그놈이 누구인지는 모른다. 말하는 놈이 망할 놈이 될 뿐이다. 즉, 자신이 망할 놈이 된다. 그리고 '망할 놈'이 갖는 보편적 의미로 자신을 변화시키려는 자동적인 기능을 하는 것이다. 성인들이나 성경, 불경을 쓰신 분들은 아마도 이 사실을 알고 있었던 것 같다. 남을 욕하거나, 원한을 품거나 결국은 누워서 침 뱉기라고 구석

구석 쓰여 있다.

이 기능은 왜 우리가 덕담을 자주 해야 하는 지도 설명된다. '무슨 좋은 일이 있으신가 봐요.' '얼굴이 훤하시네요.' '건강해 보이세요.' '참 현명 하십니다' '다 잘 될 겁니다.' 등. 그러면 그게 다 자기 몫이 된다는 과학적 근거다. 나도 그래서 노인들의 투표권을 제한하자는 자에게 '부디 건강하게 150살까지만 살아다오'란 축복의 말을 남겼다. 그런데 이게 잘 한 짓인지는 아직 모른다.

7) 부당함을 참지 말자

이 당연한 말이 나이가 많고 적음에 따라 다르게 적용된다는 것은 모순이다. '늙었으니 좀 참는 게 좋지 않을까?' 이 생각 자체에서 당신은 크게 손해를 보고 들어간다. '늙음'이라는 것에 이미 피해를 입었고 '참음'의 개념에 다시 한 번 더 피폭되었다. 참는다는 것은 우선 싫은 것이다. 싫지만 억지로 하는 것에 행복을 느끼는 사람은 없다. 늙음, 참음, 싫음, 불행으로 연결되는 생각에 그대가 어떤 피해를 입을 수 있는지는 이미 설명한 바 있다.

또한 그 이유만의 권고가 아니다. 시니어, 그것도 슈퍼 시니어의 사회적 책임이 막중하다는 사실을 같이 지적하고 싶다. 그래야 시쳇말로 인싸다. 자신이 받았거나 본 것에 부당한 게 있으면 참지 마라. 살만큼 살았다고 생각하자. 틀린 건 틀렸다고 말하자. 아닌 건 아니라고 말해야 한다. 움직이기 전에 양심의 거울에 비추어 본다. 거리낄 것 없다면 뒤는 걱정하지 말자. 그래야 없던 힘도 생긴다. 그리고 주변의 도움도 받게 된다. 똥이 더럽다고 피하기만 하면 세상은 똥 밭이 된다는 말이 있다. 사람 노릇하며 사는 것이라고 생각하자.

7. 함께 생각해보는 "나는 무엇인가?"

　　현재의 뇌 과학에서는, 모든 생각이나 상상의 원천인 의식이 우리 두뇌 어딘가에 존재하는지 모른다. 다른 차원에 존재하는 가에 대해서도 정설이 없다. 다만 의식-생각-상상으로 엮여진 형이상학적인 존재들이 물질로 이루어진 우리 육체에 지대한 영향을 끼친다는 사실만 확인 된 단계다. 재미있는 것이 동양에서는, 마음이 심장에 있다고 생각하고 서양에서는 머리에 있다고 믿는다. 물론 전문가 집단에서는 그렇지 않지만 말이다. 우리 육신을 지배한다고까지 볼 수 있는 마음, 생각, 상상력은 도대체 어떻게 어디에 어떤 식으로 존재 하는가?

　　우선 한 가지만 짚고 넘어가자. 상상력은 모든 것이 가능하지만 딱 한 가지만은 예외다. 태양도 달도 없앨 수 있지만 자신을 없애지는 못한다. 모든 것들이 있는데 나만 없다는 상상을 해보시라. 주변의 것들부터 없애보자. 그리고 지구도 없애고 태양계도 없앤다. 우주 천체도 없애버린다. 가능하다. 그다음 그대를 없애보시라. 없어질까? 모든 것들이 없어졌다고 생각하고 있는 자신이 거기 그대로 있지 않은가. 그걸 없앨 수단이 있는 지 시도해 보시라. 없다. 어떤 경우에도 그 존재는 사라지지 않는다. 왜 그럴까?

내가 존재하는 한, 부정할 수 없다. 나는 무엇일까? 상상력이라는 무소불위의 힘으로도 지울 수 없는 이것이 도대체 무엇인가 생각해 보자. 어렸을 때도 나는 존재했다. 내 몫이 남보다 적으면 즉시 울음으로 억울함을 호소하던 내가 있었다. 한창 때의 나도 있었고 지금의 나도 존재한다. 그 모두는 같은 하나다.

그런데 그 존재에는 몸과 달리 시간의 개념이 없다. 어릴 때 나와 지금의 나는 어리고 늙고가 없다. 가만히 보면 공간적 개념도 없다. 내가 탁구공만한 존재인지 축구공만한 존재인지 우주만한 존재인지 알 수가 없다. 자신의 존재는 분명 있는데 크기도 알 수 없고 어디에 있는지도 모른다. 시공간을 초월해서 존재한다고 말 할 수밖에 없다. 마치 시간처럼 말이다.

카프카의 『변신』을 보면 어느 날 자신이 벌레로 변한 것이 이 야기의 시작이다. 육신은 벌레지만 나라는 존재는 전과 조금도 다름없는 자신이다.

장자의 『호접몽(胡蝶夢)』에도 자신이 꿈속에서 나비를 본 것인 지 자신이 실은 나비인데 꿈속에서 사람인 장자를 본 것인지 모 른다는 말이 나온다. 어느 쪽도 '나'가 될 수 있기 때문이다. 그 게 '나'라는 존재다.

아무개라는 이름이나 사회적 신분, 어떤 것으로 규정할 수 있 는 존재가 아니다. 가끔 눈을 감고 나를 느껴보곤 한다. 분명히 존재한다. 그러나 이것이 무엇인지는 모른다. 참 궁금하다. 언젠 가 나는 이게 무엇인지 그리고 왜 상상력으로도 사라지게 할 수 없는지 알아낼 것이다. 총력을 기울여 볼 생각이다. 그리고 생전 에 필히 알아내겠다는 다짐을 잊지 않기 위해, 지금 여기에 적 어 놓는다. 그대도 한번 도전해 보시라.

가끔 거울 앞에 서 본다. 혹시 거울 속에 비춰인 것이 의식을 가지고 사고를 하는 진짜 나이고, 꼬집으면 아픈 내 몸이 그 조종을 받는 육신인가? 그렇다면 둘이며 하나인 셈이다. 그렇게 우리의 사고를 설명하는 사람은 없나? 거울 속이 한 차원 높은 곳이며, 거기에 진짜 내가 있어서 아래 차원의 육신인 나를 보고 있다고 설명할 수는 없을까? 정신과 육체가 서로 다른 차원에 존재하지만 육체의 차원이 정신의 차원을 보지 못하는 것일까? 오랜 수련을 통하면 정신의 차원에 존재하는 자신을 보는 것이 가능할까? 그런 것이 불교에서 말하는 견성이라는 건가? 마음만 비출 수 있는 거울은 없을까? '나는 무엇인가'를 향한 내 생각의 일면들이다. 언젠가는 알게 될 것이다.

지금의 삶은 내 선택이 아니었다. 따라서 엄밀히 말하면 책임질 필요도 없다. 아등바등 하지 않아도 된다는 뜻이다. 타의에 의해 주어진 삶이다. 제공한 존재가 책임지는 것이 논리적이다. 그러나 책임을 물을 대상이 없다. 따라서 감사해야 할 대상도 없다. 오롯이 내 몫이다. 그렇다면 잘 살아내는 것이 합리라고 타협했다. 어떻게 주어진 삶인지는 아직 모른다. 그러나 어떻게 살지는 선택할 수 있다. 그 자유를 보상인 것으로 합리화 시켰다. 그것의 일환으로, 난 남들이 안하는 짓을 시작했고 지금 이 글을 쓰고 있다.

　내겐 미래에 거는 한 가지 소원이 있다. 이 세상 떠날 날을 미리 아는 것이다. 황당한 소망이 아니다. 기독교에도 불교에도 그리고 일반에도 이런 분들이 많았다. 떠나기 얼마 전, 사랑하는 사람들과 한 잔 거나하게 나누며 작별인사를 나누고 싶다.

　당신이 얼마나 내게 고마운 존재였는지, 왜 우리가 만날 수밖에 없었는지, 그리고 언제 다시 만날 수 있는지 이야기를 나누고 싶다. 당신도 이 말에 동의한다면 마지막 소원으로 삼으시라. 충분히 가능할 것 같다. 그리고 내겐 믿는 구석도 있다. 그러나 넘겨짚지 마시라. 이것만큼은, 주신(酒神)의 전언이나 내가, 왜? 이걸 못해!에 의존하는 게 결코 전부가 아니다. CTM으로, 존재 이전의 존재로 돌아가 볼 생각이다.